Enquête
sur la réincarnation

Enquête sur la réincarnation

sous la direction de Patrice Van Eersel

Albin Michel

Collection Essais/Clés

Collection dirigée
par Patrice Van Eersel

22, rue Huyghens, 75014 Paris

www.albin-michel.fr

ISBN 2-226-12792-5
ISSN 1275-4714

Pensez-vous revenir sur terre un jour ?

Aide-moi à trouver le chemin de la Mémoire,
elle est l'arrêt de la roue des naissances.
TEXTE ORPHIQUE (VIIIe SIÈCLE AV. J.-C.)

Ce n'est pas la même personne,
mais ce n'est pas non plus une autre.
GAUTAMA, LE BOUDDHA

À travers les croyances, traditions, expériences, thérapies... la question de la réincarnation demeure. Cet ouvrage est la réédition d'un numéro spécial de la revue Nouvelles Clés consacré à ce thème, au fil d'une vaste enquête à travers le monde.

Au début, lorsque l'idée nous est venue de réfléchir à un dossier spécial de Nouvelles Clés consacré à la réincarnation, nous avons franchement hésité. Quel sujet glissant ! N'allions-nous pas passer pour des farfelus – ou pour des casse-cou irresponsables, défiant inutilement d'inconcevables fadaises ? Heureusement, comme souvent, le réel s'est avéré plus généreux que prévu – et bien plus grand que la plus folle des fictions ! En enquêtant simplement comme des journalistes auprès de nos contemporains, nous nous sommes rendu compte à quel point ce sujet de la réincarnation traversait toutes les cultures, toutes les traditions, toutes les croyances, toutes les grandes problématiques métaphysiques, spirituelles, éthiques, qu'elles soient vues d'Orient ou d'Occident. Le résultat est le dossier touffu que vous tenez entre les mains. Un dossier à la fois riche et contradictoire, qui, mine de rien, repose beaucoup de grandes questions.

Certes, nos descendants riront peut-être de notre époque où les Occidentaux adhèrent de plus en plus nombreux, non sans un certain enthousiasme, à la croyance orientale en la réincarnation... alors que celle-ci représente, pour les Orientaux eux-mêmes, une malédiction.

Tout dépend du point de vue

Dans un monde où règne le « chacun pour soi » le plus épais, le moins conscient des implications globales de chaque pensée, de chaque acte individuel, l'idée de réincarnation est une façon simple, presque enfantine (mais l'humanité n'en est-elle pas là ?) de se sentir individuellement impliqué sur le long terme : qui sait en effet en qui ou en quoi vous vous incarnerez la prochaine fois ?

Pensez-vous revenir sur terre un jour ?

Avez-vous l'impression d'avoir déjà vécu avant cette vie-ci ? Pensez-vous vous réincarner après votre mort ?

Savez-vous combien de Français y croient ? Saviez-vous que Giordano Bruno, Léonard de Vinci, Kant, Hegel, Goethe, Victor Hugo, Flaubert, Conan Doyle, Nietzsche, Lou Andréa Salomé, le général Patton... en étaient convaincus ?

À votre avis, pourquoi beaucoup de gens pensent-ils que c'est la croyance la plus raisonnable ? Sur quels processus s'appuient les psychothérapeutes qui, pour soigner, font régresser leurs patients dans des « vies antérieures » auxquelles ils ne croient pas forcément ?

Comment les bouddhistes lient-ils la réincarnation et la conviction que la personne est une illusion ? Et, selon les chrétiens, qu'est-ce qu'une « personne » ? Comment le débat revient-il aujourd'hui dans l'Église ? Que dire des petits enfants qui se rappellent une « autre famille » ?

Et vous, là, tout de suite, êtes-vous sûr d'être vraiment incarné ?

Patrice Van Eersel

L'incroyable histoire de Shanti Devi

L'enfant réincarnée de Delhi

PAR PATRICE VAN EERSEL

Il n'est pas plus surprenant d'être né deux fois qu'une.
VOLTAIRE

Pour six cent millions d'hindous, la réincarnation est une évidence. Elle constitue l'un de leurs plus anciens principes religieux. Quelles qu'aient pu être leurs influences, les conquérants musulmans, puis chrétiens, eurent peu d'impact sur la croyance des Indiens dans les lois régissant le retour des âmes dans la matière. Régulièrement, il faut le dire, des phénomènes frappants de « souvenirs de vie antérieure » viennent dynamiser la croyance ancestrale. L'histoire par laquelle nous ouvrons ce numéro est de celles qui alimentent les plus grandes interrogations.

Contrairement à ce que l'on pourrait penser, ce n'est pas parce que la culture indienne admet depuis fort longtemps l'idée de réincarnation que celle-ci est plus facile à intégrer en Inde qu'ailleurs. L'extraordinaire et très émouvante histoire de Shanti Devi nous montre à quel point, même là-bas, l'hypothèse d'un « retour d'incarnation » – que le dogme et les croyances en vigueur disent pourtant plausible et même normal – peut s'avérer épineux dans la vie quotidienne, prenant les habitudes humaines trop abruptement à rebrousse-poil. Mais le cas de Shanti Devi était trop beau, trop fort, trop éclatant pour que les Indiens ne finissent par s'incliner et n'en fassent une figure d'école. Que le Mahâtma Gandhi lui-même s'y soit intéressé – cela se passe dans les années trente –, qu'il ait rencontré la fillette, qu'une commission d'enquête au-dessus de tout soupçon ait été nommée, que cette dernière ait rendu un rapport catégorique... tout cela rend l'exemple de Shanti Devi tout à fait remarquable et sans doute unique en son genre. Trente et quarante ans plus tard, quand ils entreprendront chacun une grande enquête sur les cas de réincarnation en Inde, le chercheur suédois Sture Lönnerstrand et le chercheur américain Ian Stevenson vont tout naturellement mettre le cas Shanti Devi en avant. Quant au cinéaste français François Villiers, engagé dans la même enquête un peu plus tard, c'est également à Shanti Devi – rebaptisée Manika – qu'il dédiera son film (cf. encadré p.11).

Venons-en donc aux faits

L'histoire se déroule donc dans les années trente, au fond d'un quartier grouillant de New Delhi, où vit la famille de Rang Bahadur Mathur. Avec son épouse, Prem Pyari, ce modeste fonctionnaire municipal élève

Manika, une vie plus tard

Ancien familier de l'Inde, marié à une Indienne, le cinéaste François Villiers s'est inspiré de l'histoire de Shanti Devi pour écrire le scénario de *Manika, une vie plus tard* (1989). Dans ce film, Shanti Devi se tranforme en une petite fille de la côte, et le mari dont elle se souvient vit au Népal. Quant à celui qui va l'aider à retrouver les protagonistes de sa vie antérieure, c'est un jésuite irlandais – dont la foi chrétienne va se trouver très perturbée... François Villiers : « D'emblée, j'ai pensé qu'il fallait un regard européen sur cette histoire. J'aurais pu prendre un enquêteur, un journaliste. J'ai préféré un religieux. J'avais beaucoup lu sur les missionnaires qui tentèrent de se rapprocher de l'hindouisme. Je pense au père de Nobili, qui vécut au milieu des paysans, priant aussi bien sur les Upanishads que sur la Bible, au père Monchanin ou encore au père Le Saux, qui disait : “L'Église a le devoir de révéler les richesses que l'Inde porte en elle”. Dans le film, le trajet du père Daniel suit le précepte de Bouddha : “Si vous condamnez la religion d'une autre personne, vous condamnez la vôtre”. »

Espérons que ce film et le livre qui en a été tiré (aux éd. Robert Laffont et J'ai Lu) seront bientôt à nouveau disponibles.

courageusement trois enfants, dont la petite Shanti Devi. Une enfant modèle, gaie et studieuse, mais qui, depuis l'âge de quatre ans, tient régulièrement à ses parents des propos bien étranges. Elle raconte qu'en réalité sa maison est ailleurs, qu'elle vient de la ville de Muttra (« Où est-ce donc ? » demande la mère), où l'on mange d'autres plats, porte d'autres vêtements, célèbre le culte de Krishna de façon différente... et que là-bas elle est mariée !

Au début, tout le monde a bien ri. Ce petit bout de chou a une imagination incroyable – un jour, c'est sûr, elle sera conteuse ! Mais les mois et les années ont passé et les « délires » de Shanti Devi se sont aggravés. Non seulement elle répète maintenant qu'elle vient d'ailleurs, mais elle veut s'y rendre. Or ses parents ont été obligés d'admettre devant la petite que la ville de Muttra existe bel et bien, à quelque 200 kilomètres de là (en réalité, c'est Mathurâ, mais les habitants du cru prononcent Muttra). Tout cela ne mène cependant nulle part. Les parents ont finalement opté pour la sévérité et ont décidé de ne montrer aucune complaisance vis-à-vis des « fantaisies » de leur fille, espérant qu'elle finirait par se calmer.

À six ans, la petite tente de fuir, à pied, vers Muttra dont elle s'est fait indiquer la direction par des marchands ambulants. Les parents sont de plus en plus inquiets. La mère supplie l'enfant de mettre fin à ses « inventions », menace de la punir, la cajole. Mais rien n'y fait.

Un jour, Shanti Devi a le malheur de confier son secret à sa meilleure camarade de classe. Elle lui dit qu'en réalité elle s'appelle Lugdi Devi, qu'elle est mariée, qu'elle a même un enfant – qu'hélas elle n'a jamais pu vraiment aimer, car, affirme-t-elle, elle est morte en retour de couche, dix jours à peine après la naissance du petit. Aussitôt la gentille camarade répète le secret à toute l'école. En quelques heures, Shanti Devi devient la risée d'une cour de récréation hilare. Quasiment en transe, elle s'enfuit, court droit devant elle, finit par échouer sur le seuil d'un temple dédié à Krishna, le dieu qu'elle n'a cessé de prier depuis sa plus tendre enfance. Là, une femme surgit, qui la console et lui fait raconter son histoire. L'enfant se confie. Et quand au bout de quelques heures le père, totalement paniqué, finit par retrouver sa fille, la femme lui conseille de prendre désormais au sérieux ce que lui dit Shanti Devi.

Rang Bahadur Mathur est impressionné. Il connaît la femme qui lui parle : tout le pays la vénère comme une sainte. Sitôt rentré chez lui, il s'entretient gravement avec son épouse : et si leur fille ne mentait pas ? Et si elle se souvenait réellement d'une existence antérieure ? À cette idée, la mère s'effondre : ne dit-on pas, dans le peuple, autour d'eux, que celui qui se souvient de ses incarnations passées doit mourir ? Quel malheur !

Shanti Devi, elle, est certes soulagée que ses parents ne la traitent plus de mythomane ou de folle. Mais sa tristesse ne diminue pas. Passé l'âge de huit ans, elle se mure, ne joue plus avec aucune amie, s'enferme des heures entières.

C'est le directeur de l'école qui va débloquer la situation. Comme tout le monde dans son établissement, il a entendu la rumeur qui court sur « Shanti Devi la menteuse ». Pourtant, cette enfant lui paraît mûre et sage. Accompagné par le professeur principal de l'enfant, il finit par débarquer au domicile de Rang Bahadur Mathur. Celui-ci accepte avec un mélange de respect et de réticence que les deux lettrés s'entretiennent avec sa fille. Shanti Devi répond calmement aux questions. Oui, elle vient de Mathurâ. Oui, elle y a vécu et s'y est mariée à un commerçant aisé. Oui, elle pourrait le reconnaître, s'il vit toujours, retrouver la maison où ils vivaient ensemble...

À mesure qu'elle parle, les adultes sont terriblement impressionnés par la détermination de l'enfant et par la précision et la maturité de son langage. Elle connaît par exemple toute la liturgie du mariage krishnaïte, qu'elle dit avoir vécu dans le plus grand des bonheur. Détail frappant : elle utilise sans cesse des mots du dialecte de la région de Mathurâ.

Ainsi dit-elle *jeth* pour beau-frère, ou *churey* pour bracelet de cheville, mots inconnus dans sa famille et son quartier. À la fin, le directeur d'école lui demande comment s'appelle son « mari ». C'est une question à laquelle elle n'a jamais voulu répondre à quiconque, car, dit-elle, il faudrait d'abord qu'elle demande à son mari l'autorisation de le faire. Mais le directeur insiste et finalement, en se cachant le visage dans les mains, la petite murmure : « Il s'appelle Kedar Nath ! »

La suite appartient, pourrait-on dire, à l'histoire

Les parents conjurent le directeur d'école de conserver toutes ces informations pour lui. Mais il n'en fait rien et cherche aussitôt à savoir s'il existe un Kedar Nath à Mathurâ. Il apprend que oui ! Aussitôt il lui écrit, révélant tout ce qu'il sait. La réaction se fait attendre pendant de longues semaines. Le directeur d'école n'y croit déjà plus, quand, soudain, l'homme répond : oui il a perdu son épouse il y a neuf ans, dix jours après la naissance de son enfant, oui il voudrait passionnément en savoir davantage sur cette enfant qui dit se souvenir de lui ! À vrai dire, Kedar Nath ne vient pas le premier. Ses affaires le retiennent et il se méfie de ce qui pourrait bien s'avérer une arnaque. Il envoie donc un cousin de Delhi.

Tout de suite, Shanti Devi le reconnaît. Folle de joie, elle lui fait la fête, lui pose mille questions. Elle lui dit aussi qu'il a grossi, s'enquiert de sa nouvelle situation, s'attriste de le savoir toujours célibataire. Dès les premiers mots, l'homme s'est mis à transpirer à grosses gouttes. Arrivé avec la conviction qu'il allait démasquer une imposture, le voilà bouche bée. S'avise-t-il de vouloir forcer son interrogatoire qu'il tombe vite à genoux et supplie l'enfant de se taire, car elle commence à évoquer la façon précise dont il lui a fait la cour, un jour, dans le dos de son mari, au temps où elle s'appelait Lugdi Devi...

« Lugdi Devi était la femme la plus merveilleuse du monde, affirme le cousin, c'était une sainte femme ! » Le voilà persuadé que l'esprit de cette dernière est bien venu se réincarner dans cette enfant au regard transparent de sincérité. Avant de le laisser partir, Shanti Devi lui demande évidemment des nouvelles de son fils, Naunita Lal : « Il se porte bien, lui répond l'homme en la prenant dans ses bras, il est à peine plus grand que toi ! »

Quand il apprend la nouvelle, Kedar Nath manque s'évanouir : son cousin confirme l'étrange nouvelle ! Dès qu'il le peut, le commerçant de Mathurâ prend le train pour Delhi – on est le 13 novembre 1935. Trop impressionné et intrigué pour oser se présenter normalement chez les parents de l'étrange fillette, il se fait passer pour son propre frère. Peine perdue : à peine a-t-il décliné sa (fausse) identité que Shanti Devi le reconnaît : « Tu n'es pas mon *jeth*, tu es Kedar Nath, mon mari ! »

Il se trouve que ce jour-là on donne une fête dans la famille de Shanti Devi. Bientôt, tous les convives ont compris qu'il se joue une scène d'une exceptionnelle gravité. Tout le monde tend l'oreille. Le dialogue entre l'homme et la petite fait frissonner l'assistance.

« Es-tu... es-tu Lugdi Devi ? » balbutie Kedar Nath.

La petite garde le silence et observe l'homme dont elle dit qu'il fut son mari. La porte s'ouvre alors, et on fait entrer un garçon de neuf ans. Shanti Devi le voit, court aussitôt vers lui et veut l'enlacer : « Mon fils, mon petit ! » L'enfant proteste. Il se dégage vivement. Shanti Devi retourne en pleurant auprès de Kedar Nath, se blottit dans ses bras, sous le regard ahuri de ses parents. Bouleversé, l'homme cherche à consoler la petite fille. Elle lui demande alors :

« As-tu tenu la promesse que tu m'as faite juste avant que je meure ?

– Quelle promesse ?

– Que tu ne te remarierais jamais. »

Un murmure parcourt l'assistance. L'homme enfouit sa tête dans la chevelure de l'enfant et chuchote : « Je n'ai pas pu. J'étais un homme en pleine maturité, tu sais, c'était impossible. Pourtant, je ne voulais pas briser notre serment, je te le jure, Lugdi Devi. »

Aussitôt, elle lui demande ne pas se justifier, affirme qu'elle lui pardonne, que son bonheur est déjà à son comble de les avoir retrouvés, lui et son fils. Ce dernier change d'attitude. Il s'agenouille maintenant devant elle et ne se détourne plus quand elle l'enlace à nouveau. Les deux enfants sont bientôt en larmes dans les bras l'un de l'autre. Plus personne ne sait que dire ni que faire.

Dans les jours qui suivent, Kedar Nath passe par plusieurs phases. Plusieurs fois, il n'y croit plus et repart à l'assaut de la certitude de l'enfant-femme. Mais chaque fois, avec mille détails (dont ceux que seul un couple peut partager dans l'intimité), celle-ci répond, sans la moindre faute. Finalement l'homme et son fils rentrent chez eux métamorphosés, convaincus que Shanti Devi est bien l'ex-femme du premier, l'ex-mère du second : la réincarnation de Lugdi Devi.

L'histoire prend alors une autre tournure

Bientôt, tout Delhi est au courant. La famille de Rang Bahadur Mathur ne se sent pas à l'aise. Ce sont des gens modestes, qui n'aiment pas se faire remarquer. Les parents de Shanti Devi ont surtout peur pour la santé mentale et émotionnelle de leur fille. Ces événements les dépassent trop. Quelle est l'attitude juste ? Personne ne peut le leur dire.

Un jour, un immense cortège arrive devant leur humble demeure. Un petit homme s'en dégage, vêtu d'un simple sari blanc. On se prosterne sur son passage et les mains se tendent vers ses pieds pour les toucher. Il embrasse les enfants – quelle que soit leur caste. Incroyable. C'est Gandhi ! En proie à une joie mêlée de crainte, le père de Shanti Devi tombe à genoux devant le Mahâtma, qui ne tarde pas à lui dire la raison de sa visite : il veut aider Shanti Devi et sa famille à clarifier la situation, en envoyant l'enfant dans la ville dont elle se souvient. Le père tente de protester :

« Je crains, Mahâtma, qu'une telle démarche ne compromette l'avenir de ma fille et qu'elle devienne malheureuse...

– Mais ne comprenez-vous donc pas, lui répond Gandhi, que telle est la volonté de Dieu ? Vous ne pouvez empêcher la fillette de suivre son destin. Vous ne pouvez vous opposer à la loi du karma, personne ne le peut. Tout est régi par le karma. Le karma, c'est la vie même ! Ayez toujours le nom de Dieu sur les lèvres et vous serez soulagé de vos peines. »

La petite intervient alors : « Lugdi Devi avait toujours le nom de Dieu sur les lèvres ! Il l'accompagnait partout. Dieu était avec elle quand elle s'est réincarnée. Je m'en souviens bien.

– Je comprends, dit Gandhi en lui caressant les cheveux. J'espère en savoir plus quand tu seras à Muttra, mon enfant. Mes pensées bienveillantes t'accompagneront. Ce dont on a besoin, comprends-tu, c'est de davantage de vérité. Ne t'éloigne jamais du chemin de vérité, quoi qu'il t'en coûte. »

Avant de les quitter, le chef de la renaissance indienne prononce trois noms : Necki Ram Sharma, Tara Chand Mathur et Lala Deshbandu Gutpa.

Ce sont d'importants personnages de l'Inde nouvelle. Une demi-douzaine d'autres se joindront bientôt à eux – avocats, journalistes, hommes d'affaire, connus dans l'Inde entière. Ensemble, ils seront bientôt quinze à accompagner l'enfant et ses parents dans le train de Mathurâ.

L'arrivée à Mathurâ

Le 15 novembre 1935, une foule considérable les attend à la gare de Mathurâ. À peine arrivée, l'enfant émerveille tout le monde. Car elle reconnaît absolument tous les membres de son « ex-famille ». Sur le quai, elle court droit vers un vieil homme – « Grand-père ! » – à qui elle demande des nouvelles de son basilic sacré. Et le vieil homme n'en revient pas : avant de mourrir, Lugdi lui a en effet confié son basilic sacré !

En tête de l'impressionnant cortège, la « commission d'enquête » entoure la fillette, lui laissant décider librement du chemin à prendre. Elle n'hésite jamais. Dans cette ville où elle n'a en principe jamais mis les pieds, elle va droit vers « sa » maison, qu'elle se rappelle de couleur jaune. Quand ils y parviennent, la maison est blanche... mais les nouveaux occupants ne tardent pas à expliquer : ce sont eux qui ont repeint les vieux murs jaunes en blanc. Tout le monde confirme.

Et ainsi de suite...

Pendant plusieurs jours, Shanti Devi va reconnaître des dizaines de lieux et de personnes, dont... ses parents de l'« ancienne vie », qui vivent encore ! Moment d'émotion extrême, tant du côté du couple âgé – qui tremble à l'idée que leur chère fille, décédée si jeune, est revenue sous la forme de cette gamine – que du côté des parents actuels, terrorisés par la crainte que leur enfant ne décide soudain de demeurer auprès de ses « vrais parents ». Shanti Devi elle-même souffre affreusement, déchirée comme jamais. Finalement, elle repartira à Delhi avec ses parents « normaux », non sans avoir promis à ceux de Muttra de revenir souvent les voir.

Avec l'ex-mari, les choses pourraient virer au psychodrame. Il s'est remarié et sa nouvelle épouse ne sait littéralement plus où se mettre. D'une façon générale, Shanti Devi constate que l'homme n'a tenu strictement aucune des promesses qu'il lui avait faites sur son lit de mort – pas même celle de donner au temple de Krishna, pour le salut de son âme, les cent cinquante roupies qu'elle avait patiemment mises de côté et dissimulées sous une lame de parquet, dans une cachette qu'elle était seule à connaître avec son mari, qui avoue avoir utilisé l'argent à d'autres fins. Chaque fois, Shanti Devi lui pardonne, grandissant toujours davantage dans l'estime de ceux qui l'écoutent. Impossible de tout raconter.

Si elle vous intéresse, lisez l'histoire de Shanti Devi, en particulier dans la version rapportée par le journaliste suédois Sture Lönnerstrand.

La suite est belle et grave

Shanti Devi sera officiellement reconnue comme la réincarnation de Lugdi Devi par la « commission d'enquête » (qui multipliera les recoupements entre les faits et les dires de la fillette). Du coup, toute l'Inde parlera d'elle. Elle deviendra momentanément une sorte de star. Pourtant, jamais, ni elle ni sa famille n'essaieront d'en tirer une seule roupie de profit. Toute sa vie, Shanti Devi demeurera plus que modeste. Une sorte de religieuse. Tenant – elle ! – sa promesse de mourante de ne plus jamais se remarier, elle restera célibataire. Elle poursuivra aussi des études de lettres, de philosophie et de yoga et deviendra une sainte femme. Ou plutôt (de son point de vue), elle approfondira le travail d'éveil de Lugdi Devi, elle-même continuatrice d'une quête ancienne de milliers de réincarnations.

À la fin des années cinquante, le journaliste suédois Sture Lönnerstrand lui rendra visite à Delhi et elle acceptera de faire avec lui le voyage jusqu'à Mathurâ, et lui présentera la plupart des personnages cités ci-dessus (seuls les « anciens parents » ne seront plus de ce monde).

À lire :
***Shanti Devi, l'enfant réincarné*, Sture Lönnerstrand, éd. Pocket.**
***20 cas suggérant le phénomène de réincarnation*, Ian Stevenson, éd. Sand, 1985.**
***An Inquiry into the Case of Shanti Devi*, L. D. Gupta, N. R. Sharma & T. C. Mathur, Internat. Aryan League, Delhi, 1936.**

Pourquoi avoir si peur de l'inconnu ?

PAR YVAN AMAR

L'âme de l'homme ne change pas,
tout en passant par des formes innombrables.
GIORDANO BRUNO

« En réalité, dit Yvan Amar qui connaît bien l'Inde, nous ne nous réincarnons pas vraiment, puisque notre essence échappe au temps. » Selon lui, si certains souvenirs semblent remonter à une vie antérieure, c'est qu'ils entrent en résonance avec une dimension hors mesure et hors temps – une dimension plus réelle que le monde, mais dont nous nous écartons par peur de disparaître.

Il faut préciser d'emblée que je n'ai aucune expérience personnelle de la réincarnation en dehors du fait que j'ai vécu très longtemps auprès d'un sage indien, Chandra Swami, qui, lui, dit se souvenir de ses incarnations antérieures, et que j'ai été pétri de l'influence de maîtres tels que Ma Ananda Moyi ou Ramdas, qui soutenaient la possibilité de cette théorie. Donc, malgré ma conviction personnelle que je vais aborder ci-dessous, je suis obligé de faire des réserves, car on ne peut écarter d'un revers de la main le témoignage d'êtres d'une aussi grande profondeur dans l'expérience spirituelle. Pourtant... je dis que la réincarnation n'existe pas. Pourquoi ? Ce que nous appelons la réincarnation se réfère à une façon de voir le monde en morceaux séparés, en imaginant des entités susceptibles d'habiter dans un certain temps une existence et dans un autre temps, une autre existence. Et parfois, certains disent qu'ils ont la mémoire de cela. Mais le fait de se souvenir de quelque chose ne signifie pas pour autant une existence séparée dans un corps puis dans un autre. Car quelle est la nature de cette mémoire dans le temps ?

Je vais me référer à l'expérience et à la nature d'une mémoire dans l'espace selon la théorie morphogénique que défend le scientifique anglais Rupert Sheldrake, illustrée par la fameuse expérience des mille singes : on apprend à des singes, sur une île, à nettoyer à l'eau des pommes de terre pleines de sable. Ceux-ci, les trouvant meilleures à manger, apprennent ce geste aux autres singes de l'île. Mais on constate, quelques années plus tard, que tous les individus de la même espèce de singes se sont mis à nettoyer les pommes de terre de la même façon, dans le monde entier. Ce qui voudrait dire qu'il y a dans l'espace un champ de conscience par lequel une information donnée concernant une espèce se trouve transmise et assimilée directement dans le comporte-

Schopenhauer : « Heureusement, l'âme renaît amnésique ! »

Albert Einstein ne fut pas le premier à remercier Schopenhauer de l'avoir initié au « sentiment religieux cosmique » des religions orientales. Acquis à la vision bouddhiste, le grand philosophe allemand (1788-1860) pensait que l'univers apparent n'était qu'une illusion – donc une cause incessante de souffrance pour ceux qui confondaient ce rêve avec la réalité. Il semble avoir été le premier à réunir le maximum de matériaux sur les croyances en la réincarnation. Tout en croyant aux vies successives, il s'interrogeait sur la consistance de la mémoire les liant les unes aux autres : « Au cours de la succession des naissances [...] l'être ne supporterait pas de continuer à agir et à souffrir de la même façon pendant une éternité sans bénéfice réel, si la mémoire et l'individualité lui restaient attachées. Il les rejette, et voici le Léthé ; et c'est grâce à ce sommeil de la mort qu'il réapparaît régénéré et nanti d'un autre intellect – un jour nouveau vers de nouveaux rivages... »

ment de tous les individus de cette espèce. Un champ spatial de conscience diffuse une information qui peut être appropriée par toute l'espèce.

Ce qui est vrai dans l'espace devrait l'être dans le temps. On devrait alors pouvoir, à certains moments, toucher une mémoire ancienne d'un autre point de ce champ temporel morphogénique, ce qui nous donnerait l'accès à l'idée et à la sensation d'une incarnation antérieure, avec appropriation de l'expérience de cette mémoire.

Pour le reste, la théorie de la réincarnation semble accorder une réalité à l'existence en soi. Or cela ne va pas dans le sens de la nature de la réalité, qui est une réalité de l'interdépendance des phénomènes. Dans le bouddhisme, lorsque le Bouddha se réveille à la réalité du non-moi, *Anata*, il s'éveille simultanément à la réalité de l'interdépendance des phénomènes. Le fait d'approcher la réincarnation d'un point de vue personnel est une récupération, par le moi de souffrance, de la possibilité de se perpétuer au-delà de la mort. Ce qui en nous aspire au réel ne peut pas craindre la mort ; seulement ce qui en nous souffre projette constamment la possibilité d'échapper à la mort absolue en créant un état *post mortem*, soit sous forme de paradis (ou d'enfer) soit sous forme d'un retour par la réincarnation. Mais du point de vue de l'« aspiration du réel vers le réel », c'est-à-dire de l'aspiration de Dieu à se reconnaître lui-même, la confrontation à la mort est le *sine qua non* de la vision juste. C'est le principe de la réalité – défendu par exemple par le bouddhisme comme par toute démarche spirituelle authentique –, qui voit dans l'extinction absolue le garant de la vision juste : c'est la confrontation à la mort totale, où il n'y a pas de retour, pas de paradis... mais la réalité d'une connaissance absolue.

Tout phénomène de reconnaissance d'une incarnation passée est la mémoire de cette reconnaissance appartenant à un champ de conscience qui n'est pas limité par ce que nous appelons habituellement « les mesures du temps et de l'espace ». Le mot *maya*, l'illusion, a pour racine « ce qui est mesurable ».

Le mensonge, c'est ce qui est mesurable.

Le processus de confrontation à cette mort absolue est ce qui a toujours été enseigné pour passer du moi souffrant au réel aspirant à sa propre reconnaissance pour se libérer du besoin de se réincarner et entrer dans l'incarnation absolue. Tel est l'enseignement ultime que l'on voit se déployer dans l'hindouisme, dans le bouddhisme, dans le soufisme, dans la mystique judéo-chrétienne. Ces traditions nous disent que plus on incarne la réalité, moins le moi existe : quand il n'y a plus de moi, qu'est-ce qui pourrait se réincarner ?

La rhétorique de la spiritualité, pour moi, c'est toujours de mettre en regard ce qui est en rapport d'opposition : quelle est, face à la réincarnation et donc à la vie qu'elle suppose, mon expérience de la mort ? Eh bien, c'est que je n'expérimente pas la mort de façon véritable, car celle-ci serait l'expérience d'une mort totale. Pourquoi est-ce que je crée la possibilité d'une survivance, d'une autre existence, d'une autre incarnation, d'un paradis... et, en cautionnant tout cela, d'une incarnation antérieure : si cela a existé avant, cela peut-il se répéter après ?

En fait, nous sommes confrontés à notre refus de la mort totale : du point de vue de la libération, il est intéressant de constater ce refus. Plutôt que d'essayer d'épiloguer sur la possibilité et la nature réelle de la réincarnation, posons-nous plutôt la question de savoir pourquoi nous avons besoin de ces théories ? À quoi cela correspondent-elles en nous ? Au besoin de faire continuer une existence séparée dans le temps. Qu'y a-t-il de si traumatisant à faire monter en soi le principe de la mort totale, sans solution de rechange, sans autre vie, sans autre incarnation ? C'est cette peur qu'il nous faut vaincre en nous.

Il n'est pas nécessaire que la réincarnation existe ou n'existe pas pour accomplir un parcours authentique et durable dans cette vie. On peut construire un psychodrame intérieur basé sur une incarnation antérieure afin de dénoncer des choses apparemment insolubles autrement, pourquoi pas ? Mais, on n'en a pas besoin !

À lire :
***L'effort et la grâce*, Yvan Amar, éd. Albin Michel.**

Comment échapper à l'automatisme des renaissances

Le point de vue tibétain

ENTRETIEN AVEC DAGPO RINPOCHÉ,
PAR CATHERINE BARRY

Pour la plupart des bouddhistes – dont ceux du Tibet –, la question n°1 que devrait se poser tout humain est : comment s'arracher au cycle des renaissances automatiques ? À entendre Dagpo Rinpotché, un ami du Dalaï-Lama qui enseigna longtemps aux Langues orientales de Paris, la réponse est aussi ardue que simple : il faut commencer par se respecter soi-même et par respecter les autres ; ensuite, apprendre à se concentrer ; plus tard seulement, espérer l'arrivée de la sagesse...

Écouter Dagpo Rinpotché, c'est se relier à un être qui demeure l'un des derniers témoins de l'histoire de son peuple. Un peuple vivant actuellement un génocide culturel et humain, à bas bruit, puisque rares sont les voix qui s'élèvent pour demander qu'un élémentaire respect des droits de l'homme soit observé. Comme si le bruit des bottes avait à jamais éteint dans le pays du Toit du Monde toute possibilité que surgisse à nouveau cette densité du silence qui a fait vivre ses montagnes, ses vallées, l'âme de ses habitants pendant des siècles. Des faits qui ne retirent en rien la malice et la joie évidentes qui vrillent le regard de Dagpo Rinpotché. Cet homme-là possède à l'évidence une sagesse qui traverse le temps et les obstacles en devenant toujours plus lumineuse au fil des ans.

Nouvelles Clés : *Pour les bouddhistes, la mort-elle est une fin ou une étape ?*
Dagpo Rinpotché : Toutes les grandes religions croient que la vie se poursuit après la mort. Dans le bouddhisme, la mort n'est qu'une étape, puisque les renaissances témoignent de la continuité d'un principe, le continuum mental, qui s'incarne de manière cyclique jusqu'à la réalisation de l'éveil. Ce cycle se nomme le *samsara*. Tous les êtres sensibles y sont soumis. Tous peuvent donc sortir de ce cycle si les circonstances sont favorables. La renaissance n'est ni une croyance imposée ni un dogme. Pour les bouddhistes, c'est un fait.

N. C. : *Depuis le* XII*ᵉ siècle, les Tibétains reconnaissent les maîtres réincarnés. L'exemple le plus connu est celui du Dalaï-Lama. Comment cela se passe-t-il ?*
D. R. : Le premier grand maître reconnu comme *tulku*, au Tibet, a été le premier Karmapa. Ce système s'est ensuite étendu à l'ensemble des écoles tibétaines. Des tests ont été codifiés, certaines visions ont été retenues

comme donnant des indices du lieu et de la famille de renaissance. Des règles très strictes ont été établies afin d'éviter tout abus.
Il n'en demeure pas moins vrai qu'au cours des siècles, certains *tulkus* furent reconnus, à tort comme tels ! Parfois simplement par méconnaissance, ou pour des raisons politiques, comme cela a pu arriver, autrefois, dans certains monastères qui pouvaient ainsi mener la politique interne et régionale qu'ils souhaitaient. Reste que les grands maîtres comme les dalaï-lamas sont soumis à une série d'épreuves, extrêmement précises et rigoureuses, afin d'éviter, justement, ce type de problèmes !

N. C. : *Un lama reconnu comme* tulku *est-il forcément un être éveillé ?*
D. R. : Non. Il est, simplement, un être très avancé sur la Voie ! Quelqu'un qui a beaucoup pratiqué et développé des qualités comme la compassion, la sagesse, la concentration... Les *tulkus* sont la suite du continuum mental de leur prédécesseur. Ils conservent donc certains acquis. Leur apprentissage est plus facile et plus rapide que celui d'un lama ordinaire. Ce sont des êtres privilégiés qui reçoivent une éducation particulière. Leur entourage leur reconnaît beaucoup de droits et leur témoigne amour, respect, dévotion. Mais être reconnu *tulku* dès l'enfance n'est pas synonyme de facilité. Un *tulku* dédie sa vie aux autres, afin de les aider à parvenir à l'éveil. Ses responsabilités sont considérables.

N. C. : *Rinpotché, vous avez été reconnu comme étant la réincarnation de l'un des plus grands maîtres tibétains ayant existé au cours des siècles. Vous le contestez fermement et avec beaucoup d'humour. Pourquoi ?*
D. R. : Tout simplement parce que je ne possède pas les qualités d'être éveillé qu'avait développé ce maître ! Je

l'ai peut-être fréquenté dans une vie antérieure, mais c'est tout. Tout ceci fait beaucoup rire l'un des tuteurs de Sa Sainteté le Dalaï-Lama qui dit que, de toute façon, à partir du moment où je suis reconnu comme un grand *tulku*, je dois me comporter comme si je l'étais, en développant toutes ses qualités !

N. C. : *Je vous entendu distinguer « renaissance » de « réincarnation »...*
D. R. : La renaissance est un phénomène quasi obligatoire jusqu'à ce que l'être atteigne l'éveil.
La réincarnation procède d'un choix. Celui de tout faire pour aider les êtres à atteindre, eux aussi, l'éveil.

N. C. : *Vivre dans un corps humain signifie que notre précédente existence n'a pas été trop négative, puisque nous ne vivons pas actuellement, par exemple, dans les enfers ?*
D. R. : Quelles que soient nos conditions de vie actuelle, elles sont moins douloureuses que celles des êtres des enfers, les *prétas*. Être humain est considéré, pour un bouddhiste, comme très favorable. Le seul monde qui permet de sortir du *samsara* (le cycle des renaissances) est celui des humains. La souffrance peut être un support pour développer du *karma positif* et diminuer le *karma samsarique* qui génère les renaissances. Les dieux ont une vie très agréable mais très statique. Ils brûlent le karma positif qu'ils ont acquis sans pouvoir en générer d'autre, puisqu'ils ne font que profiter des conditions qui sont les leurs. Tout ceci est très complexe. Ce qui compte, c'est de comprendre que nous avons de la chance de vivre en tant qu'humain. C'est bien d'y réfléchir. On peut, ainsi, accroître cette chance.

N. C. : *Est-il possible de se libérer du samsara, en une seule incarnation ?*

D. R. : Le bouddhisme dit que c'est possible et donne les moyens de le réaliser ! Reste que peu d'êtres ont suffisamment de force, de détermination, de courage pour y parvenir.

N. C. : *Quelles sont les qualités qui le permettent ?*
D. R. : Tout d'abord l'éthique, qui suppose de se respecter et de respecter les autres. Vient ensuite la concentration, qui permet de développer, petit à petit, la maîtrise de l'Esprit. Enfin, la sagesse libère de l'ignorance fondamentale de la saisie du soi et réalise la vacuité, le non-soi. Les trois sont indispensables et interdépendantes. Le bouddhisme enseigne des méthodes qui permettent de les développer afin de ne plus créer de karma samsarique. Comme tout apprentissage, qu'il s'agisse d'une activité sportive ou d'un travail, il faut du temps, de la patience et beaucoup de pratique. Pas forcément beaucoup de vies.

N. C. : *Quand il y a éveil, il n'y a donc plus saisie de soi, plus de karma samsarique, plus de renaissance...*
D. R. : Tout à fait ! Le karma des bouddhas n'est pas le même que celui des êtres sensibles ordinaires !

N. C. : *Toutes ces pratiques visent notamment à vivre dans les meilleures conditions la fin de la vie. La dernière pensée du mourant est-elle déterminante ?*
D. R. : La dernière pensée d'un mourant symbolise, concrétise, exprime, le parcours de celui qui est à la fin de son existence. Une vie entière sert à préparer ce moment ultime. Les schémas mentaux sont très puissants. Il est difficile de lutter contre eux. C'est comme un enfant qui se fait mal. Il appelle sa mère, spontanément. Au moment de la mort, les habitudes mentales remontent malgré nous. Si les pensées, les émotions

négatives qui nous habitent en temps ordinaire sont plus vives que nos sentiments positifs, ce sont elles qui seront présentes et elles induiront une renaissance plus ou moins favorable. C'est pourquoi il est essentiel de se préparer à la mort durant la vie, que l'on croit ou non à ce phénomène. Devenir meilleur permet de mieux vivre, mais aussi d'avoir moins peur de mourir.

À lire :
***Le Lama venu du Tibet*, Dagpo Rinpoché, éd. Grasset.**

Notre « moi » dure aussi longtemps que notre ignorance

Entretien avec Matthieu Ricard, par Catherine Barry

Un cachet sur les registres ne saurait parler pour quiconque.
Appose plutôt dans les cœurs le sceau de l'action pure et juste.
VIe Dalaï-lama, XVIIe siècle

« Un bouddhiste croit forcément à la réincarnation », dit Matthieu Ricard, qui ajoute aussitôt : « Mais se souvenir de ses vies antérieures n'a strictement aucun intérêt. » Jeu de logique paradoxale, promis à toutes sortes de rebondissements. Les bouddhistes, grands propagateurs de l'idée de réincarnation en Occident, sont ceux-là même qui nous mettent sévèrement en garde contre toute illusion sur l'avenir de notre moi. « L'éveil, disent-ils, conduit hors de toute personne ! » Il faut souvent fournir un sacré effort pour comprendre : tortueuses sont les feintes de l'ego.

En France, il est presque aussi connu que celui qu'il accompagne lors de ses déplacements, le Dalaï-Lama, dont il traduit souvent les entretiens et les conférences. Inlassablement, Matthieu Ricard parcourt la planète.

Ce moine bouddhiste, également formé à la rigueur scientifique, a travaillé comme docteur en biologie sous la direction du prix Nobel François Jacob. Sa formation constitue une base solide sur laquelle son humour, sa joie de vivre et sa pratique de la voie bouddhiste s'appuient avec confiance. Dialoguer avec lui sur le thème de la réincarnation revient à pratiquer une joute à la fois jubilatoire et sévère : l'homme est chaleureux mais se refuse à tout compromis.

Nouvelles Clés : *Est-il important de se souvenir de ce que furent nos vies précédentes ?*
Matthieu Ricard : Non. Le Bouddha a dit qu'il était vain de s'en préoccuper. Ce qui compte, c'est la direction que nous prenons à chaque instant de l'existence. Même pour les grands maîtres, les réminiscences ne sont que conséquence naturelle de leur réalisation spirituelle.

N. C. : *D'après un sondage paru dans* L'Express, *un Français sur quatre croit en la réincarnation...*
M. R. : D'une certaine façon, le fait même de s'interroger sur la nature de la conscience et sur ce qu'il en adviendra après la mort peut être considéré comme une indication de l'existence de cette conscience. On voit mal comment un ordinateur, de fer ou de chair, pourrait se demander ce qui lui arrivera lorsqu'on aura coupé l'électricité ! Mais s'attacher à la notion de renaissance peut aussi indiquer un espoir confus de permanence de l'ego.

Le maître et son *tulku*

Khyentsé Rinpotché fut le principal des instructeurs tibétains de Matthieu Ricard. Mort en 1991 à l'âge de 81 ans, il se serait réincarné – selon l'entourage du Dalaï-Lama – deux ans plus tard dans le jeune Urgyen Tendzin Jigmé Lhundroup, qui est donc son *tulku*.

N. C. : *Les Occidentaux s'intéressent-ils à la réincarnation parce qu'elle sous-tend l'idée d'une responsabilité et supprime le côté injuste de la vie ?*
M. R. : Il y a effectivement plusieurs façons de voir les choses : ce qui nous arrive pourrait être le résultat du hasard, d'une volonté divine, d'un destin inéluctable ou de nos propres actes. Ce dernier point de vue, qui est celui du bouddhisme, n'a de sens que si l'on envisage une conscience pouvant vivre une succession continue d'états d'existence. Il a plusieurs avantages dont l'un est d'ordre pédagogique : penser que nous sommes pour quelque chose dans ce qui nous arrive évite notamment de reporter constamment le blâme sur autrui, de se sentir impuissant entre les mains d'un destin arbitraire ou désemparé devant les aléas du hasard.

N. C. : *Le bouddhisme parle de six mondes de renaissance : sont-ils symboliques ou réels ?*
M. R. : Ni plus ni moins réels que notre état présent. On dit parfois que la haine crée un véritable « enfer » pour soi-même et ceux qui nous entourent. Il ne faut pas sous-estimer la faculté que possède la conscience de créer des mondes qui prennent toutes les allures de la réalité et où nous pouvons nous retrouver emprisonnés. Durant notre vie présente, il est donc important d'ac-

quérir une maîtrise de l'esprit suffisante pour éviter de nous retrouver, après la mort, dans les divers mondes oniriques de la souffrance. Le Bouddha a dit qu'il n'y avait pas d'enfers, mais que notre esprit pouvait solidifier les choses jusqu'à leur en faire prendre l'apparence.

N. C. : *Peut-on réaliser l'éveil dans chacun des six mondes ?*
M. R. : L'état humain est privilégié : les souffrances qui lui incombent sont suffisantes pour l'inciter à s'en sortir, mais n'ôtent pas la liberté de le faire.

N. C. : *Si la conscience n'a pas d'origine, qu'en est-il du phénomène des renaissances ?*
M. R. : Selon la « vérité conventionnelle » (celle de qui ne perçoit pas la nature ultime des choses), le monde des phénomènes n'a ni début ni fin. Il n'existe pas de « cause première » et rien ne peut faire survenir quelque chose du néant, ni l'y faire disparaître. Selon la « vérité absolue », les phénomènes sont dénués d'existence propre et poser le problème de leur naissance ou de leur cessation n'a pas davantage de sens que de se demander qui a construit puis détruit la cité qui semble exister dans un mirage.

N. C. : *Si l'ego n'a pas d'existence en soi, qu'est-ce qui passe d'existence en existence ?*
M. R. : Il y a perpétuation d'une fonction, pas d'une entité concrète. Un flot de conscience particulier possède des qualités, une « coloration », résultante de nos actes, paroles et pensées, de notre état d'ignorance ou de connaissance, qui le distinguent d'un autre flot de conscience. On pourrait comparer cette fonction à une onde, ou à la houle qui se propage sans que la masse de l'eau ne voyage avec elle. Rien ne renaît, il y a simplement des répercussions d'actes, de paroles et de pensées

qui modifient les paramètres de cette onde qu'est la conscience.

N. C. : *À la mort du corps, une partie de l'ego perdure-t-elle dans ce continuum mental ?*
M. R. : On ne voit pas comment une partie de quelque chose qui n'existe pas pourrait perdurer. L'illusion d'un « moi » perdure tant que l'ignorance (celle de l'absence de réalité intrinsèque des phénomènes) n'a pas cédé la place à la connaissance. Entre ce continuum et l'ego, les relations sont les mêmes qu'entre un fleuve et son « nom », désignation conceptuelle dénuée d'existence propre.

N. C. : *Les états traversés après la mort sont conditionnés, en partie, par l'être qui les traverse, par ses états émotionnels, sa peur, son égoïsme, ses différents états de souffrance, donc par son ego...*
M. R. : Les états traversés ne sont pas conditionnés par la nature ultime de l'esprit – la bouddhéité ne peut être dégradée –, mais par la qualité du flot de conscience qui, lui, est caractérisé par ce qu'il a vécu. En résultent alors sérénité ou peur, confusion ou lucidité, souffrance ou liberté.

N. C. : *Il est dit dans les textes qu'il est possible, pour les grands pratiquants qui vivent cette période d'après la mort, d'expérimenter le phénomène de la Claire Lumière. Qu'est-ce que cette Lumière ?*
M. R. : Ces mots désignent la réalisation du *dharmakaya*, le « corps absolu », un terme qui se réfère lui-même à la connaissance de la vérité absolue, au-delà des fabrications mentales, de la dualité soi/autrui, et des voiles de l'ignorance. On dit que cette Claire Lumière brille, ne serait-ce qu'un très court instant, pour tous les

êtres, quels qu'ils soient, car le *dharmakaya* est la nature ultime de l'esprit. La plupart des êtres sont inaptes à saisir cette occasion pour appréhender cette nature et atteindre l'éveil. Le grand méditant qui saisit cet instant et sait perpétuer l'expérience directe du *dharmakaya* peut être libéré du cycle des existences. Cela ne veut pas dire qu'il ne renaîtra plus, mais sa renaissance ne sera plus le résultat d'un mélange d'actes positifs et négatifs (le *karma*), dont il doit subir les conséquences ; elle sera le fruit de son aspiration altruiste à œuvrer pour le bien.

N. C. : *Peut-on encore parler d'une possibilité d'action à ce moment-là ?*
M. R. : Si le pratiquant n'atteint pas la réalisation finale, de nombreux facteurs peuvent influer sur le déroulement de son expérience. La confiance qu'il place en son maître spirituel et dans les enseignements qu'il en a reçus est un facteur très puissant de libération. Il est dit que toute pratique spirituelle mise en œuvre dans le *bardo* possède une beaucoup plus grande efficacité qu'appliquée dans la vie ordinaire..

N. C. : *Le principe de l'interdépendance des êtres et des phénomènes est un principe fondamental du bouddhisme. Est-ce que la réalisation d'un être, tel le Bouddha, agit sur les cycles de renaissances des autres êtres ?*
M. R. : Certainement. La force de compassion d'un Bouddha, qui est émanation naturelle de sa réalisation de la Vacuité, se manifeste notamment par son enseignement, lequel guide les êtres vers l'éveil.
On dit aussi dans le bouddhisme Vajrayâna que lorsqu'un être atteint l'éveil, il peut entraîner avec lui, par la force de sa gnose et de sa compassion, de nombreux êtres qui ont établi des liens avec lui. Il ne s'agit pas d'une entorse aux lois du karma : le fait d'établir des

connexions avec un tel maître est précisément un élément de notre karma.

N. C. : *Lorsque tous les êtres auront réalisé l'éveil, n'y aura-t-il plus de renaissances ?*
M. R. : Le *samsara* n'a pas de fin en tant que phénomène global, mais selon la vérité ultime, ni le *samsara* ni le *nirvâna* n'ont d'existence propre.

N. C. : *Peut-on être bouddhiste sans croire en la renaissance ?*
M. R. : Cela voudrait dire que si l'on n'atteint pas la libération en cette vie, c'est terminé ! Comment cela serait-il possible ? Il n'y aurait alors jamais eu de Bouddha, d'éveillé. Le Bouddha Shâkyamuni a dit à maintes reprises que son éveil était le fruit des mérites et de la connaissance qu'il avait accumulés pendant trois ères incommensurables. Cela ne signifie pas qu'il est interdit à tous ceux qui le souhaitent de retirer des bienfaits des enseignements du bouddhisme, de cette science de l'esprit fondée sur l'expérience contemplative, sans pour cela adopter l'ensemble de ses enseignements métaphysiques.
De telles personnes peuvent être chrétiennes, juives, musulmanes ou athées et n'ont pas besoin de se dire bouddhistes. Mais faute d'envisager une succession d'états d'existence, le karma et le chemin graduel vers la libération n'ont guère de signification. Certes, au terme de son chemin, un *bodhisattva* atteint l'éveil dans une existence particulière, mais dire que tous les êtres puissent parcourir ce chemin du début à la fin en l'espace d'une seule vie est une aimable plaisanterie.

N. C. : *Que va apporter au quotidien, au pratiquant, le fait de croire en la renaissance ?*

M. R. : La conviction que le chemin spirituel qu'il a emprunté mènera au but ; qu'il faut progresser à l'aide de toutes les ressources dont il dispose, sans se décourager. Il ne faut pas s'imaginer que c'est chose facile et trépigner d'impatience comme un gamin. Milarepa n'a-t-il pas dit : « Pratiquez jusqu'à votre dernier souffle, mais ne rêvez pas de réalisation immédiate » ? Sa Sainteté le Dalaï-Lama observe que, bien souvent, les pratiquants occidentaux souhaiteraient que la quête de l'éveil soit facile, rapide et si possible... bon marché ! Nombre de facteurs essentiels au chemin vers l'éveil tombent dans l'inanité lorsqu'on n'envisage pas une continuité d'états d'existence. La pensée de l'éveil – le vœu d'atteindre l'état de Bouddha afin de libérer les êtres du cercle vicieux des existences – n'aurait aucun sens. Il en serait de même de ce qu'on appelle la dédicace des « mérites » – le fait de dédier à l'éveil des êtres l'énergie positive engendrée par notre pratique. On dit que cette dédicace ressemble à une goutte versée dans un océan : elle y demeurera tant que cet océan existe, c'est-à-dire jusqu'à l'éveil. Sans réincarnation, la notion même de karma, l'idée que nous sommes le fruit d'un grand nombre d'actes librement accomplis dans le passé et les architectes de notre futur, perdrait toute signification.

À lire, de Matthieu Ricard :
***Moines danseurs du Tibet*, éd. Albin Michel.**
***Shabkar, autobiographie d'un yogi*, éd. Albin Michel.**

L'incarnation est-elle un jeu de rôle ?

RENCONTRE AVEC BRUNO-ABRAHAM KREMER,
PAR CATHERINE BARRY

Les âmes ne font que se développer, s'envelopper, se réhabiller, se dénuder, se transformer... LEIBNIZ

Pourquoi Marilyn Monroe ne serait-elle pas née avec des dettes remontant à ses existences antérieures ? NORMAN MAILER

Lis-moi, ô lecteur, car je ne reviendrai que rarement en ce monde.
LÉONARD DE VINCI

En jouant *Milarepa* au théâtre – après avoir joué *Le Golem* –, Bruno-Abraham Kremer se livre à une expérience qui nous aide à mieux sentir la nature à la fois étrange et familière du cycle de l'éternel retour. À votre avis, quel rapport y a-t-il entre tous les personnages qu'un acteur est amené à jouer au cours de sa vie ?

Milarepa, la pièce d'Éric-Emmanuel Schmitt, est l'un des moyens qui peuvent nous aider à nous dépouiller de nos « oripeaux mentaux », de ces certitudes et de ces fermetures qui nous empêchent de franchir le seuil de compréhension minimal du phénomène de la réincarnation.

Un homme, Bruno-Abraham Kremer, passeur, guide, témoin, ouvre pour nous la porte qui conduit dans un espace d'entre-deux dans lequel, d'acte en acte, de vie en vie, nous devenons nous aussi les personnages qu'il incarne. La scène s'étire à l'infini, devient notre champ d'action : comment ne pas se reconnaître dans cette profusion des sentiments, dans cette quête des uns et des autres, dans cette dimension située entre rêve et réalité, et qui nous fait aborder les rivages de la réincarnation, comme si cette dernière ne pouvait qu'être évidence.

Bruno-Abraham Kremer : Que l'on s'intéresse ou pas à la spiritualité, le rêve est, pour chacun d'entre nous, une porte ouverte sur l'invisible, sur des personnages de notre monde intérieur que nous ne connaissons pas. Dans la tradition tibétaine, les rêves proposent des réponses, des signes. Ils racontent des parties de soi avec lesquelles nous ne sommes pas en contact.

Peuvent-ils donner des indications sur des vies antérieures ? Je ne sais pas ! Ce qui est intéressant dans les rêves de Simon, c'est qu'ils sont récurrents et que ce phénomène le conduit à s'interroger. Il voit des paysages, des bâtiments. Il éprouve un sentiment, très fort, de haine. Pourquoi ? Il ne comprend pas ! Cette émotion, l'angoisse qu'elle suscite sont au début de son aventure et de son introspection. Les rêves permettent, parfois, de se poser des questions essentielles sur ce que l'on est. Or, dans la vie, il n'y a pas de questions sincères qui restent sans réponse.

N. C. : *Rappelez-nous l'histoire de la pièce.*

B.-A. K. : Il y a deux histoires en parallèle. Celle de Milarepa et celle de Simon, un Occidental d'aujourd'hui qui vit à Paris et qui est la réincarnation de l'oncle de Milarepa, Svastika. Simon est habité par des rêves de haine. Celle-ci est le fil rouge qui le relie, de réincarnation en réincarnation, à Milarepa. On retrouve dans la pièce l'épopée traditionnelle tibétaine de Milarepa, sa quête, son évolution, son éveil et la trajectoire de son oncle qui meurt en le haïssant. L'oncle s'enferme dans la haine. Milarepa se libère de son karma en acceptant, notamment, de souffrir d'une manière incroyable, au point de souhaiter mourir, pour se « purger » des actes négatifs qu'il a commis. Puis il prend sa vie à bras le corps et fait l'apprentissage de la douceur, de l'amour. Un enfant est, spontanément, dans cette douceur, dans cette vraie possibilité de se relier aux autres, au monde autour de lui, simplement, directement, d'égal à égal. Elle disparaît quand l'intellect, l'ego, se mettent en place, car ils font oublier que chacun possède en soi, potentiellement, « cette nature de Bouddha ».

C'est cette réconciliation qui me touche dans Milarepa. On y voit comment un homme « se rejoint », retrouve cette douceur, en sacrifiant sa souffrance, en se détachant de cette identification. Pour lui, vivre n'est plus souffrir et il éprouve une confiance très profonde qui résulte de la simple joie d'être en vie.

Svastika, quant à lui, symbolise la haine. Elle le poursuit, pendant neuf siècles, jusqu'à l'existence présente de Simon. Et cette violence intérieure, extrêmement puissante, le condamne à raconter cent mille fois l'histoire de Milarepa pour pouvoir s'en libérer. C'est aussi la vie d'un homme d'aujourd'hui, qui serait condamné « à faire l'acteur » pour dépasser cette émotion, la comprendre et s'en détacher ! Je suis, à la fois, Simon,

Svastika, Milarepa. Nous sommes tous, sans doute, un peu de ces trois personnages, car ils racontent l'homme souffrant, en général, et effrayé devant la mort.

N. C. : *On peut parler d'un parallèle entre les différents « moi » joués par un acteur et nos différentes possibilités d'incarnations.*
B.-A. K. : Le théâtre a été, pour moi, l'occasion de commencer un travail de mutation. Il offre, parfois, la possibilité de voir au travail tous ces « moi ».

La première fois que je suis monté sur une scène de théâtre, j'ai ressenti une impression inconnue de mon être, une sensation de « moi » comme je n'en avais jamais eue. À cet instant-là, une question est née : « Qu'est-ce que cette machine-là ? Qui est cette personne qui s'appelle Bruno ? »

N. C. : *Dans la pièce, au départ, Svastika et Milarepa sont tous deux animés par la haine et commettent des actes très négatifs, puisque Milarepa va jusqu'à tuer des hommes et des femmes pour obéir à la vengeance de sa mère. Puis il regrette ses actions et devient un grand sage. L'oncle demeure toute sa vie habité par la haine, meurt dans cet état d'esprit et continue la ronde des renaissances.*
Le regret peut-il suffire à se libérer du samsâra ?
B.-A. K. : À un moment, il est dit dans la pièce : « Milarepa se prenait en horreur. Il désira la paix comme la soif désire l'eau. » Ce dégoût intense, insupportable, de lui-même engendre son désir, absolu, de changer. La détermination dont il fait preuve le conduit jusqu'à l'éveil. Svastika ne souhaite pas changer ou n'y parvient pas. Il devra se réincarner jusqu'à être libéré de la haine. Dans Milarepa, il y a ce message sublime : un homme qui commence dans les pires conditions, puisqu'il va jusqu'à tuer, peut faire que quelque chose se libère en

lui, au point de parvenir à cette réalisation ultime qu'est l'éveil !

Chacun peut se reconnaître dans ce parcours d'être humain vrai, sincère et authentique. Milarepa ne triche pas, ne refuse pas ce qu'il est. Ni lorsqu'il souffre d'avoir obéi à sa mère. Ni lorsqu'il est désespéré de voir Marpa, son maître, lui refuser l'enseignement. Ni lorsqu'il s'aperçoit, après trente années de méditation passées seul dans une grotte, qu'il est demeuré, malgré cette pratique intensive, attaché à son pot d'orties, son dernier bien.

Cette sincérité, cette honnêteté, y compris dans ses difficultés, le rend terriblement humain et nous permet de nous identifier plus facilement au personnage. Il est dans les mêmes difficultés que chacun d'entre nous. Ses souffrances sont aussi nos souffrances. Il est un miroir qui reflète nos fragilités, nos faiblesses. Un miroir qui nous dit que, nous aussi, nous pouvons évoluer et nous transformer, que ce soit en une seule vie, comme lui, ou bien en plusieurs, comme Svastika.

N. C. : *Avant* Milarepa, *votre quête vous a conduit à mettre en scène, à jouer, à « habiter » d'abord le* Golem. *S'ils étaient deux incarnations différentes de ce que vous êtes, quel serait le continuum mental, comme disent les Tibétains, qui se serait incarné ainsi dans vous, Bruno, dans le Golem et dans Milarepa ?*

B.-A. K. : Notre nature temporaire fait partie de notre nature humaine. Après la mort, quelle est notre évolution ? Transmigration ? Transformation ? Néant ? Chacun peut donner des réponses différentes. Quoi qu'il en soit, cette impermanence nous raconte quelque chose. Elle nous incite à vivre, au mieux, ce que l'on est dans le moment. Le continuum mental entre ces différents personnages pourrait être l'Amour. Apprendre d'abord à s'aimer, à s'accepter, à « habiter » son être, pour pouvoir ensuite aimer les autres, la vie.

Golem est un mot hébraïque qui veut dire : « être sans forme et sans souffle ». L'histoire que j'ai adaptée dans le spectacle date du XVIe siècle et se situe à Prague.

Un très grand cabaliste est visité par l'ange Gabriel. Ce dernier lui explique comment donner vie à une créature d'argile, gigantesque, qui défendra sa communauté contre les antisémites qui accusent les juifs de la ville de prendre du sang d'enfants chrétiens pour le mélanger à leur pain. Au début, tout se passe merveilleusement bien. Puis, la femme du rabbin décide d'employer le Golem à autre chose qu'à la mission qui est la sienne. À partir de là, le Golem se rebelle, n'obéit plus à son maître, devient incontrôlable, commence à acquérir la parole, la sexualité et le désir. Il veut devenir un être humain, aimer, être aimé et accepte de souffrir pour en payer le prix. Mais le Golem n'est pas un être humain. C'est une créature qui est là pour un temps et une mission précise. Il n'a pas d'âme et, souhaitant devenir humain, il devient dangereux. Après lui avoir insufflé la vie, le rabbin ne sait pas la lui retirer. Il le détruit ! Toutes les créatures du cinéma fantastique, tous les ordinateurs qui dépassent l'homme et deviennent indépendants sont issus du Golem.

Le Golem représente donc pour moi cette interrogation fondamentale de l'homme : « Que représente cette vie qui nous est donnée ? » Que faire avec ce corps, avec cette énergie qui nous sont offerts ?

Van Gogh disait : « Les gens sont la racine de tout. » J'aime l'humain et cette incarnation humaine que mes ancêtres m'ont donnée.

J'ai envie de parler de cet amour de la vie, de cette possibilité que nous avons, tous, de changer grâce à l'amour que nous donnons et recevons.

Milarepa est aussi une histoire d'amour. Amour pour sa mère, sa sœur, son maître. C'est aussi une histoire d'amour avec lui-même, pas « égotique » mais menant à la connaissance et à la sagesse, car cet amour de soi conduit au véritable amour des autres.

Dans la pièce, Milarepa dit : « En m'exerçant à la douceur, j'ai oublié la différence entre moi et les autres. »

N. C. : *Que représente pour vous la renaissance ? La réincarnation ? Réalité ? Donnée symbolique ?*
B.-A. K. : Pour ma part, même si je ne sais pas ce qui se passe après, je crois à cette transformation. À l'existence d'un continuum. Que cette énergie qui nous habite perdure. Vers quoi, comment, pourquoi ? Je ne sais pas. Peu importe la forme qu'elle prend. C'est une aventure sur laquelle il n'est pas nécessaire de mettre des images. Elle se poursuit. C'est ainsi et c'est magnifique.

Ce qui me touche chez les Tibétains, dans cette approche qui s'inscrit dans ma vie aujourd'hui, c'est la responsabilité qu'elle induit. Cette loi des causes et des effets m'aide à mieux vivre et à savourer ce cadeau. Ce qui est important, c'est la question que cela soulève : « Qu'est-ce que je fais de ma vie ? » Cette responsabilité, c'est peut-être là que se situe la vraie liberté de l'homme. C'est aussi ne plus subir et se rapprocher de ce qu'est notre véritable nature. Se réconcilier avec soi-même, et donc avec les autres !

N. C. : *En tant que comédien, vous donnez vie à différents personnages. Ici, nous pourrions dire à différentes incarnations. Dans cette pièce, vous jouez à être différents « moi ». On ne peut que s'interroger sur ce qu'est le réel. Où est la part de réalité ? Où est la part de rêve ?*
B.-A. K. : Bergman demandait : « Où commence le théâtre, où finit la vie ? » Et vice versa ! L'essentiel est

peut-être de savoir où sont nos illusions. Là est la force particulière du théâtre, dans ce double regard, fait à la fois de vérité et d'illusion. Où est la part de vérité ? Qu'est-ce qui est important ? Face à l'impermanence et à la mort, peu de choses comptent vraiment. Les bouddhistes parlent de détachement. Encore faut-il bien comprendre cette notion.

Louis Jouvet disait : « Un acteur devrait toujours jouer avec un œil à l'intérieur de lui-même et un œil à l'extérieur ». Et Pierre Dux : « En vieillissant on devient l'acteur de l'homme que l'on est. » J'ai le sentiment que parfois, quand on joue, si l'on n'est pas dans une exaltation de l'ego, on peut voir une part de soi plus tranquille regarder avec un sourire attendri une autre part de soi s'agiter. Pour moi, c'est comme un appel qui permet de ne pas céder totalement à l'illusion de l'ego.

Cette introspection de l'acteur est sans doute très proche de certaines formes de méditation dans lesquelles il y a également, comme sur scène, une grande concentration. Dans la vie, on parvient aussi, par moments, à cet état d'être dans lequel l'observateur ne se laisse pas totalement entraîner dans les émotions.

Il s'agit toujours d'un travail sur soi, celui de l'acteur ou celui de l'homme... Mais les pièges, les illusions sont nombreux. Comme dans la vie. Dans l'idéal, l'acteur-observateur peut symboliser, en quelque sorte, ce continuum mental dont on parle dans la réincarnation. L'acteur-agissant interprétant alors les différents rôles, les différentes incarnations. L'observateur laisse agir. Une part de soi est dans le faire et l'autre dans l'être. Chacun est à sa place !

Mais il ne faut pas oublier que l'acteur travaille sur l'ego. Il est d'un côté du miroir ou de l'autre. La scène peut être le lieu du passage. Il existe un piège réel de se perdre dans l'ego. Une vraie difficulté. On retrouve sans doute cette même possibilité de se perdre dans les différents personnages que l'on incarne de vie en vie. Le théâtre permet à certains instants de goûter ensemble l'invisible, la vie, la réalité, qui serait ce fameux continuum.

N. C. : *Milarepa appartient à la culture tibétaine. Quel est le message, l'enseignement que peuvent trouver les non-bouddhistes en voyant cette pièce ?*
B.-A. K. : Le spectateur voit souvent dans *Milarepa*, une méditation sur la mort. Elle est abordée ici avec sérénité. Le spectacle est l'occasion d'en parler tranquillement, de s'interroger sur la vie, sur le sens qu'on lui donne. Il y a aussi ce célèbre rire des Tibétains qui se retrouve à travers le texte de *Milarepa* et qui exprime une autre manière de voir les choses, de poser un autre regard y compris sur des phénomènes qui nous apparaissent comme dramatiques. Les gens sortent plus sereins, apaisés. Car le parcours extrême et magnifique de Milarepa permet de se rendre compte que notre vie est aussi une aventure qui peut nous conduire au-delà de ce que nous sommes dans le moment !

N. C. : *Rêves, réincarnations, illusions, réalités, quoi qu'il en soit notre conscience actuelle demeure le fil rouge qui nous relie aux différents personnages qui nous habitent au présent. Milarepa, la pièce, est un condensé de tout ceci, comment le comédien vit-il cette confrontation ? Qu'est-ce que B.-A. Kremer a appris ? Qu'est-ce qui le touche ?*
B.-A. K. : Dans certains chants, Milarepa dit que sous l'emprise de la vérité ultime on s'aperçoit que tout, y compris des notions comme le nirvâna, tout n'est que formes, concepts. La vérité est au-delà de toute définition. La réalité est autre. S'en souvenir permet d'avancer, d'atteindre ce qu'est la Vacuité.

C'est une ouverture totale pour atteindre la libération. Et ce qui est remarquable, c'est de voir que lorsque Milarepa a réalisé l'éveil, il est encore capable de dire : « Même ça, c'est une forme ! » C'est un magnifique enseignement ! Mais c'est encore un mot ! Raconter ces histoires est un apprentissage permanent. Elles touchent à des parties intimes de ce que je suis, mais aussi à des aspects universels.

Elles sont la vie en marche. Elles me conduisent vers mon humanité. Elles sont les morceaux d'un puzzle. Une partie du chemin. C'est pourquoi chacun peut trouver des résonances avec ce qu'il est, avec sa propre quête.

N. C. : *Dans la pièce vous dites : « Partir du vide. Conclure au vide ». Tout se construit-il à partir du vide ?*
B.-A. K. : Le spectacle part, effectivement, du vide. Se construit progressivement et, à la fin, quand Milarepa quitte son corps, c'est à nouveau le vide ! C'est la même chose en ce qui concerne les incarnations. On vient du vide. On prend une forme.
On retourne au vide. C'est la réalité de la vie.

À lire :
Milarepa, **d'Éric-Emmanuel Schmitt, éd. Albin Michel.**
Milarepa, **traduit du tibétain par Jacques Bacot, éd. Fayard.**
Dans les pas de Milarepa, **Marie-José Lamothe,**
éd. Albin Michel.
Les Cent Mille Chants, *Milarepa,* **3 tomes, éd. Fayard.**

Le véritable éveil se joue ici et maintenant

Radicalité zen

PAR JACQUES BROSSE

Pour clore le chapitre oriental de ce dossier, rien ne vaut l'aplomb zen. Si vraiment notre nature profonde est « non-née », elle ne peut ni mourir ni renaître. Au fond, dit Jacques Brosse, rien n'existe que l'instant présent, le reste n'a aucun intérêt. La seule part de nous-mêmes qui peut se réincarner ? La compassion.

L'école de la méditation (en sanskrit *dhyâna*, en japonais *zen*) exclut toute possibilité de réincarnation comme de résurrection, donc d'une autre vie après la mort. Maître Dôgen a écrit : « De même que la bûche, une fois réduite en cendres, ne peut redevenir bûche, de même les hommes, une fois morts, ne peuvent revenir à la vie. »

Une position aussi radicale est conforme à la doctrine originelle, celle que prêcha le Bouddha Shâkyamuni : tout ce qui est né doit mourir. Notre personnalité présente n'est qu'un composé instable d'éléments, les agrégats (*skandhas*), provisoirement rassemblés, et il est dans la nature des choses que tout composé en vienne à se décomposer. La mort est inscrite dans la naissance même. Le vivant ne cesse de naître et de mourir. Le Bouddha a dit : « Puisque les agrégats apparaissent, déclinent et meurent, à tout instant, ô moines, vous naissez, vous déclinez et vous mourez. »

S'imaginer le contraire serait se rassurer à bon compte, tomber dans l'illusion et, de ce fait, manquer l'essentiel, renoncer à devenir ce que l'on est véritablement, un Éveillé, un Bouddha, renoncer à sa propre transformation en soi-même. La démarche bouddhiste consiste à se détacher dès maintenant de notre incarnation provisoire, de notre ego, au profit de notre nature de Bouddha, qui est là en nous, qui est potentialité toujours présente.

Or la nature de Bouddha est « le non-né, le non-fait, le non-composé ». Puisqu'elle n'est pas née, la nature de Bouddha ne peut mourir. Ce qui, du dehors, pourrait paraître un simple jeu de mots devient dans la méditation l'expression d'une vérité profonde et ultime, que nous nous dissimulons à nous-mêmes par crainte du vertige qu'elle pourrait engendrer, en raison aussi de la pleine responsabilité et des obligations qu'elle nous donne.

Sengaï

D'aucuns prétendent que quatre-vingt mille
Hommes et divinités étaient réunis
Lors de l'assemblée du Bouddha.
Au nombre de trois mille
Étaient aussi les disciples de Confucius.
Quant à moi, moine montagnard,
Je suis seul sur une pierre,
Sous les glycines et les lianes.
Je vois de temps en temps
Des nuages flottants
Passer devant mes yeux.

Penser autrement serait demeurer dans le système dualiste, celui des peines et des récompenses, des mérites et des démérites, du temps opposé à l'éternité, du nirvâna opposé au samsâra, le cycle interminable des naissances et des morts. Pour le méditant, le nirvâna, c'est ici et maintenant pas ailleurs dans un futur hypothétique et lointain. Nous vivons aujourd'hui même en nirvâna ou en samsâra. C'est une question de choix, il est libre. En termes chrétiens, on pourrait dire : « Le paradis ou l'enfer, c'est maintenant », cela dépend de notre point de vue. À nous de le rectifier s'il n'est pas juste. Nous vivons au présent, nous sommes tout simplement présents au présent ; alors, à quoi bon se faire des idées sur une éventuelle réincarnation ?

Le méditant prend conscience que de tels propos dualistes tournent en rond et qu'il faut s'en dégager si l'on veut trouver la sortie, se dépasser soi-même si l'on veut parvenir à la réalité suprême. Seule la lucidité que confère la méditation permet d'affronter la réalité telle qu'elle est, et de ne faire plus qu'un avec elle.

Tant que l'on emploie des mots tels que réincarnation ou éveil, ou même karma, on est encore en dualisme, dans l'imaginaire, dans l'intellectuel, non dans le spirituel. La vraie compréhension est expérimentée, ressentie directement, et surtout elle est vécue. Le véritable enseignement du Bouddha est son silence. Quand on lui posait ce genre de question : « Existons-nous, ou non, après notre mort ? Le Bouddha lui-même existe-t-il, ou non, après sa mort ? L'âme et le corps sont-ils, ou non, une même chose ? L'univers est-il infini, ou non ? », Shâkyamuni répondait : « Pourquoi n'ai-je pas expliqué ces questions ? Parce que ce n'est pas utile, que ce n'est pas fondamentalement lié à la vie sainte et spirituelle, que cela ne conduit pas à l'aversion (pour le monde), au détachement, à la cessation de *duhkha* (la souffrance existentielle), à la tranquillité, à la pénétration profonde, à la réalisation complète, au nirvâna. Voilà pourquoi je n'en ai pas parlé. »

Se poser de telles questions et tenter de les résoudre intellectuellement serait se tourmenter pour rien et se détourner de la « réalisation complète » qui est la pratique de la méditation et n'est pas distincte d'elle.

Ce que vise le pratiquant est – et n'est que – la libération, qui est total déconditionnement, dépassement des contradictions. Alors, mais alors seulement, ce genre de questions ne se posera même plus.

Un tel état, un tel point de vue sont ceux du bodhisattva qui, libéré de lui-même, se voue à libérer tous les êtres vivants. Cet état indescriptible, inimaginable même du dehors, est celui qu'évoque cependant très exactement *Le Chant de l'Éveil*[1]. Ce qui peut se réincarner n'est donc pas la personnalité passée, mais sa seule compassion.

[1] Kôdô Sawaki, *Le Chant de l'Éveil*, le Shôdôka commenté par un maître zen, « Spiritualités vivantes », éd. Albin Michel.

Par la vertu politique échapper à la rechute

RENCONTRE AVEC MAURICE DE GANDILLAC,
PAR FRANÇOIS L'YVONNET

Après la mort, l'âme doit se libérer de toutes ses fautes
avant d'habiter un nouveau corps,
à la mesure de sa nature morale. PYTHAGORE

Car j'ai été autrefois garçon et fille, buisson, oiseau et poisson,
cheminant à la surface de l'eau. EMPÉDOCLE

Pour les Grecs de l'Antiquité, à chaque rechute hors du monde des Idées pures, l'âme se fabrique un nouveau corps à la mesure de sa valeur morale. De corps en corps, d'action politique en engagement social, l'être peut espérer finalement ne plus chuter du tout, et demeurer dans l'Empyrée du Xe Ciel. Une vision qui a bien marqué les origines du christianisme.

Platon évoque à plusieurs reprises – toujours sous la forme du mythe qui dit non le vrai mais le vraisemblable – la migration des âmes (par exemple, dans le *Phèdre*, avec l'« Attelage ailé » et le « décret d'Adrastée » qui fixe l'ordre des « incarnations »), comme il évoque en diverses occasions la métempsycose, ou la palingénésie, avec l'idée d'un retour périodique des âmes à la vie dans des cycles de réincarnation. C'est l'objet, en particulier, de quelques longs développements du *Timée*, dialogue de vieillesse, souvent énigmatique, mais toujours riche en fulgurances cosmogoniques ou eschatologiques.

De quoi s'agit-il ? Lors de la première naissance « établie identique pour tous les êtres », et par la seule volonté divine, l'âme descend dans le corps. Cette première incarnation de l'âme immortelle dans une enveloppe charnelle est une déchéance, que compenseront pour partie l'éducation et l'apprentissage des savoirs vrais. Mais d'autres incarnations suivront, qui dépendront alors directement des mérites acquis par les âmes ici-bas. Au cours de ces palingénésies, les âmes déchues pourront migrer et se réincarner, qui dans un corps de mammifère, qui dans celui d'un poisson, voire, pour les plus déchues d'entre elles, d'un mollusque. Platon ne va pas aussi loin qu'Empédocle qui n'excluait pas la réincarnation dans les plantes.

Les sources de Platon sont certainement égyptiennes, pythagoriciennes (les *akousmata* – choses entendues – rapportent la croyance que Pythagore et les « siens » avaient cru en la métempsycose) ou orphiques. Ces mêmes sources seront encore vivantes, plusieurs siècles plus tard, chez ceux d'entre les néoplatoniciens (Plotin, Proclus) qui reviendront dans leur commentaire de Platon sur l'idée d'une migration des âmes.

Nouvelles Clés : *Quelle place Plotin, auquel vous venez de consacrer un petit livre éclairant, accorde-t-il à cette figuration d'une transmigration des âmes ?*
Maurice de Gandillac : La doctrine la plus constante, tout au long de la tradition grecque, n'est pas tant l'idée de réincarnation ou de palingénésie au sens propre, que celle de migration des âmes. Dire qu'elles s'en vont dans des corps est à la fois vrai et faux. C'est vrai en ce sens où un tel langage a été parlé ; on dira, par exemple, que celui qui s'est mal conduit se réincarnera dans un personnage de basse condition sociale, ou dans un animal. Mais, en même temps, c'est faux, car on ne peut pas dire que l'âme aille dans une case déterminée, comme s'il y avait des cases en attente d'être remplies, inférieures ou supérieures. Cette image ne convient pas du tout, car les corps eux-mêmes ne préexistent pas aux âmes. Pour Plotin, en particulier, l'âme ne s'incarne pas véritablement dans un corps, elle se fait un corps à son image, qui représentera sa propre dignité, à savoir la distance plus ou moins grande qu'il y a entre la vision pure des Idées et la vision plus ou moins entachée de temporalité, de multiplicité, de matérialité liée à la distraction des âmes, ce qui a provoqué leur dispersion et les a fait chuter. Cette chute des âmes, Plotin ne l'entend pas mécaniquement, comme une descente plus ou moins bas. En réalité, selon sa qualité propre, l'âme se fait un corps à son image, dont elle se sert – car il existe bien un monde fabriqué par l'Âme du monde, laquelle s'exprime dans un univers qui est un tout (*to pan*) et où l'âme qui s'est fait un corps a un rôle a jouer ; il y a place, par exemple, pour une société avec des vertus politiques (*arétaï politikaï*), comme la justice et la force, qui ont toute leur importance. Suivant que l'âme aura plus ou moins bien rempli sa fonction, elle redescendra dans une autre vie, formant chaque fois un corps à son image.

N. C. : *Pourquoi redescend-elle ?*
M. de G. : C'est un point difficile de la pensée de Plotin… Elle redescend, sans doute, parce qu'insuffisamment purifiée, n'ayant pu atteindre la pure vision et la pure union, quasi mystique, avec l'Un, qui la ferait échapper à d'autres réincarnations. C'est comme dans le Vedanta, dont nous sommes ici assez près. Il y a un moment où le bodhisattva qui est arrivé à la domination totale de soi, à l'union parfaite avec le Brahman indifférencié, n'aura pas à revenir, n'aura pas d'avatars… Pour Plotin, c'est moins net. Mais c'est tout de même le degré de purification qui fait que l'âme retombant, retrouvant la mémoire des choses temporelles, se fera un corps à son image.

N. C. : *Comment le façonne-t-elle ? Quelle genèse est ici à l'œuvre ?*
M. de G. : C'est la genèse fondamentale de l'univers entier, car il n'y a pas d'autre manière de passer de la contemplation à l'action. Ce sont des créations d'images, le monde n'étant qu'une série d'images.
Il ne faut pas se dissimuler que cette matérialité est extrêmement ténue, car les choses que nous voyons sont plus ou moins illusoires. Dire que ce sont de pures illusions serait une interprétation par trop védantique, peu conforme à certains textes de Plotin qui accordent une certaine consistance à ce monde créé par l'Âme du monde. Celle-ci s'exprime dans une réalité, qu'on appelle la matière, mais qui est aussi engluante pour l'âme, car elle s'englue dans son corps, risquant d'y perdre sa substance supérieure. Elle perd alors sa propre dignité, et il faudra un effort considérable de « reprise en main », si je puis dire, pour de nouveau s'élever plus haut…

N. C. : *Une ascèse donc, une catharsis...*
M. de G. : Il y a en effet beaucoup de catharsis dans cette affaire... Notons bien que dans le néo-platonisme, il y a l'idée essentielle que les vertus politiques ont une valeur, car dans le temps qui nous est imparti ici-bas, dans nos vies limitées – celle de Plotin fut relativement courte, abrégée par la maladie – il faut agir, avoir une action sociale. Ainsi Plotin sera-t-il précepteur, tuteur d'enfants abandonnés, il travaillera aussi à l'amélioration de la cité terrestre en formant le rêve d'une *platonopolis*, une sorte de communauté des sages (ou des saints) platoniciens, un peu comme ces sociétés de sanctification que l'on trouve aussi bien chez les juifs (avec Qumrân), dans l'islam, ou dans le monachisme chrétien ou bouddhiste. À l'intérieur d'une civilisation ou d'une société donnée, les plus purs se réuniront en petits groupes, préfigurant ce que serait l'état des âmes ayant échappé au corps.

N. C. : *Revenons à cette idée de réincarnation...*
M. de G. : Je ne pense pas que cette idée soit fondamentale pour la pensée grecque ; elle restera très marginale, et assez indéterminée dans ses modalités, sauf peut-être chez certains pythagoriciens. Mais nous sommes si peu renseignés sur ce qu'étaient véritablement la pensée de Pythagore et le pythagorisme...

N. C. : *Diogène Laërce lui consacre une partie du livre* VIII *des* Vies, Doctrines et Sentences des philosophes illustres *(« Hermès lui avait dit de choisir ce qu'il voulait, excepté l'immortalité. Il avait donc demandé de garder, vivant comme mort, le souvenir de ce qui lui arrivait. [...] Et il racontait comment elle [son âme, ici entrée dans le corps d'Euphorbe] avait accompli ses parcours, dans quelles plantes et quels animaux elle s'était trouvée présente, et tout* *ce que son âme avait éprouvé dans l'Hadès. »)... Dans le* Timée *de Platon, la réincarnation est évoquée avec davantage de précision. Selon vous, est-ce seulement symbolique (la réincarnation serait alors purement nominale) ou réel (une réincarnation ontologique) ?*

M. de G. : Bien fin celui qui pourra dire ce que pensait réellement Platon. Il s'est pratiquement toujours exprimé sous la forme du mythe. Il y a certes de la sagesse dans certains mythes, mais ce ne sont que des images comme celle de l'artisan – le démiurge – qui fabrique le monde. Je pense qu'il s'agit encore d'une image, lorsqu'il parle de la chute des âmes, en particulier de leur chute dans des corps. Chez Platon aussi, me semble-t-il – même si c'est moins net que chez Plotin –, on ne peut pas dire que les corps soient déjà là, tout préparés, en attente, car ce qu'ils seront dépendra beaucoup de l'âme qui va descendre en eux et qui les façonnera. Il ne faut pas exagérer, même chez Platon, l'opposition entre l'âme et le corps, l'âme étant si multiple avec ses trois parties que si par son sommet (le *noùs*) elle est déjà divine, par sa partie inférieure (l'*épithumia*), elle est presque corporelle. Qu'est-ce qu'un désir, en effet, sinon un mouvement du corps ? Cela n'aurait aucun sens pour un esprit pur. On n'imagine pas un ange ayant des convoitises ! C'est d'ailleurs ce qui rend si difficile l'idée d'une chute des anges !

N. C. : *En revanche, il y a bien chez Platon l'idée d'une incarnation, pensons à la théorie de la réminiscence...*

M. de G. : La théorie de la réminiscence suppose en effet que l'âme ait été concitoyenne des Idées avant notre vie présente. Mais, là aussi, c'est peut-être une façon de parler. Aujourd'hui, on parlerait d'innéité... Descartes, lui, parlera d'idées éternelles. Ces idées, pourtant, elles sont là d'une certaine manière, il n'est pas besoin d'avoir eu une vie antérieure, car s'il y a à la pointe supérieure de l'âme une possibilité de saisie des vérités éternelles, la réminiscence ne s'impose plus. On peut parler d'un passé, sans qu'il soit nécessaire de s'être promené dans le ciel, puisque nous sommes en contact direct avec lui par le sommet de notre âme. C'est en tout cas ce que dira Plotin. Certes, il lui arrive de parler le langage de la réminiscence, mais dans bien des textes il dit aussi très clairement que le sommet de l'âme est en contact direct avec l'éternel par l'entremise de l'Âme du monde, qui contient tout, le haut comme le bas. C'est pourquoi on ne peut pas parler, en toute rigueur, de réincarnation, car cela supposerait que la chair soit préexistante, et que le spirituel soit placé dans la chair… Encore une fois, il me semble que nous avons affaire à des métaphores, rien de plus, même lorsque Platon joue sur les mots : le *sôma* (corps) est le *sêma* (tombeau) de l'âme. Le mot incarnation lui-même me gêne à cause de son usage théologique dans le christianisme.

N. C. : *Où il n'est plus question de chute des âmes…*
M. de G. : En effet ; l'idée d'incarnation du Verbe n'est pas de l'ordre de la transmigration des âmes, ce n'est pas une âme qui descend dans un corps, c'est le divin qui s'unit à l'humain. Il ne pourrait y avoir d'incarnation si la chair était quelque chose de totalement mauvais, même si saint Paul le laisse entendre, mais sa langue est très équivoque car touchée par les gnoses : ce qu'il appelle *sarx* (la chair) – traduit par le *caro* latin – est en effet le mal, le péché, le monde du démon. Or, en bonne théologie chrétienne, le corps du Christ ne saurait être de la mauvaise chair, car c'est le corps d'Adam originaire qui est fait à l'image de Dieu, comme l'homme en son entier.

N. C. : *Il y a aussi dans la tradition chrétienne l'idée de résurrection des corps, qui confirme que le corps ne saurait être simplement mauvais…*
M. de G. : Une telle résurrection est assez incompréhensible, et n'apparaît plus guère dans le catéchisme moyen, duquel, d'ailleurs, on a éliminé, autant que faire se pouvait, toute trace de platonisme… Sauf l'idée d'immortalité de l'âme. L'idée des corps ressuscitants est vraiment très confuse. Ça ne peut être un vrai corps, mais un autre corps, qui ne serait pas le nôtre, un corps auquel manquerait les propriétés du corps…

N. C. : *Jacques Maritain, à la suite de saint Thomas d'Aquin, a tenté d'imaginer cette résurrection des corps, cherchant à répondre, par exemple, à des questions comme : dans quel état le corps sera-t-il ressuscité ? Les infirmes retrouveront-ils leur corps infirme ? Et les nouveau-nés, et les vieillards, quel corps sera pour eux éternisé ? À l'âge du Christ crucifié, trente-trois ans ?*
M. de G. : À l'acmé, est la réponse la plus classique. Mais ce sont alors des difficultés en cascades… Ces corps, où seraient-ils ? Ils seront des milliards d'ici à la fin des temps ! Là encore, nous sommes dans les images, n'intervenant que dans des civilisations limitées…

N. C. : *N'est-ce pas la grande originalité du christianisme ? Pensons aux rires sceptiques qui accueilleront l'annonce d'une résurrection des morts faite par saint Paul aux Athéniens !*
M. de G. : Certains juifs, semble-t-il – en particulier les Pharisiens – enseignaient déjà une telle résurrection des corps ; reportez-vous à ce que dit la Samaritaine dans l'Évangile de saint Jean. Mais c'est une tradition juive assez tardive, car pour la tradition originelle, la mort est la mort, la récompense est sur terre, et il n'y a pas de vie

éternelle. Sinon pour quelques personnes qui échapperont à la condition commune, comme Élie qui sur son char de feu s'en va ailleurs…

La transmigration des âmes et les affinités électives

Un rabbin nous parle de la Kabbale

ENTRETIEN AVEC RABBIN ADIN STEINSALTZ,
PAR DOMINIQUE GODRÈCHE

Qui peut dire quel petit tailleur a hérité aujourd'hui de l'âme de Platon ? HEINRICH HEINE

Nous revenons sur terre après y avoir vécu. Cette certitude donne sens à ma vie. GUSTAVE MALHER

L'âme d'Abel passa dans Moïse et celle de Japhet dans le héros Samson. RABBIN YALKUT REUBENI

Que devient l'âme après la mort dans le judaïsme ? Officiellement, la réponse reste vague. La Kabbale, en revanche, développe depuis mille ans un système de pensée précis, caractérisé par sa grande connaissance de la psychologie humaine. Vous ne vous êtes jamais senti à l'aise dans votre famille ? Vous tombez inexplicablement amoureux ? Vous vous sentez guidé par des ressorts invisibles ? Écoutez ce qu'en dit Adin Steinsaltz, l'un des plus grands rabbins kabbalistes de notre temps.

Jérusalem, Pâques 1999. Je rencontre le rabbin Adin Steinsaltz dans son Centre d'études talmudiques. Le bureau est en désordre ; il m'explique que c'est à cause des chats. Nous sommes là pour parler de la transmigration des âmes dans le judaïsme. Après m'avoir fait comprendre qu'il n'était pas la bonne personne pour traiter ce sujet, devant mon insistance – oui, c'est lui que nous voulions..., nous connaissons ces œuvres –, il finit par accepter de me parler de ce sujet lié à la Kabbale. Le rabbin Adin Steinsaltz, né en 1937 à Jérusalem et traducteur du Talmud en français, est une des plus grandes notoriétés du monde juif d'aujourd'hui. À la rigueur d'une pensée en quête de sens, il a su allier l'humour et une rare humanité.

Sa description succincte de la transmigration des âmes bouleverse notre mode de perception des rapports sociaux : dans un univers où les âmes communiquent en permanence, tout se charge de sens et rien n'est laissé au hasard. Il ne tient qu'à nous de développer la vigilance nécessaire, pour déchiffrer la signification cachée de notre destin, et surtout la meilleure façon de l'orienter. Car ce système d'interprétation accorde le libre arbitre aux individus, guidés et mus par des forces invisibles, vers des lieux dont le sens leur échappe. Le monde des âmes est un univers où chaque geste a une conséquence, même si l'on ne sait pas la déchiffrer dans l'immédiat. Gigantesque toile d'araignée invisible, les âmes tissent une trame dans laquelle les êtres s'arrêtent et reprennent leur route tout au long de leur vie.

Nouvelles Clés : *Dans le paragraphe intitulé « Réparation », de votre livre* La Rose aux treize pétales, ou introduction à la Kabbale [1], *il est question de la migration des âmes. Vous y expliquez la façon dont les âmes doivent revenir dans le monde. Est-ce propre à un aspect particulier du judaïsme ?*

Rabbin Adin Steinsaltz : C'est une partie du judaïsme normatif des cinq cents dernières années ; je fais référence à un phénomène, et non à un livre. Certaines religions, comme le catholicisme, ont une structure dont on connaît le dogme : on sait ce qu'on doit croire. Dans le judaïsme, rien n'est strict, on ne vous indique pas de dogme officiel, il n'y a pas de position sur un credo définitif. Les lois sur le comportement sont très précises. Mais en matière de croyance, ça devient plus vague... Depuis les cinq cents dernières années, il y a cependant une vision du judaïsme théologique globalement admise, dont fait partie cette croyance sur la transmigration de l'âme. Il y a mille ans ou plus, des discordes existaient à son sujet. Aujourd'hui, elle est plus ou moins bien acceptée.

N. C. : *Par qui est-elle le plus acceptée ?*
R. A. S. : Par les juifs qui entretiennent un rapport à la Kabbale, et ont un lien plus profond au judaïsme. Il s'agit surtout des juifs d'origine séfarade et, parmi les ashkénazes, des hassidim. Par contre, les orthodoxes modernes n'y connaissent vraisemblablement rien, et ne se sentent pas concernés. De toute façon, peu de gens sont au courant de ces questions, car le judaïsme a institué peu de rapports avec la question métaphysique : nous n'avons de description ni du paradis ni de l'enfer, et nous ne pensons pas à ce qui s'y passera... C'est pourquoi rares sont ceux qui connaissent la transmigration des âmes.

N. C. : *Quelle est l'approche de la mort dans le judaïsme ?*
R. A. S. : La plupart des gens ne l'aiment pas ! (*Il rit.*) Ce qui est curieux, car nous ne connaissons rien de cette séparation, de cet énorme changement que traverse la personne, nous ne devrions donc pas être si effrayés.

C'est comme un couple marié depuis quarante ans : quand l'un des deux meurt, l'autre ne peut survivre et meurt à son tour, sans raison apparente.
C'est très courant chez les gens âgés : quand on a vécu si longtemps ensemble, la vie séparée devient difficile. Eh bien, c'est la même chose pour l'âme et le corps : ils sont mariés depuis si longtemps que la séparation est très dure, là réside la difficulté de la mort.
Ensuite viennent les préliminaires du jugement de l'âme, qui se trouve placée à différents niveaux : temporairement au « paradis », ou en « enfer ». Puis certaines âmes sont renvoyées au monde, comme des élèves qui n'auraient pas bien fait leur travail à l'école : si vous êtes paresseux, vous terminez vos études la fois d'après ! Il en va de même pour l'âme.

N. C. : *Ces concepts sont issus de la Kabbale ?*
R. A. S. : Ils lui sont liés, depuis les cinq cents dernières années, la Kabbale étant la théologie juive officielle, quoique la plupart des gens n'en connaissent presque rien. Ces notions sont apparentées à l'univers kabbalistique.

N. C. : *La transmigration des âmes était pourtant une notion populaire à une certaine époque, comme en témoigne la pièce d'Anski,* Le Dibbouk, *dans laquelle l'esprit d'un mort prend possession du corps d'un vivant ?*
R. A. S. : Oh oui ! le Dibbouk est un cas particulier du « guilgoul », la transmigration. *Le Livre des transmigrations* est un des écrits de base de la Kabbale. Il n'a pas été vraiment rédigé, car le rabbin Isaac de Luria n'écrivait pas, il dictait à ses disciples. La plupart des gens naissent avec une âme déjà utilisée. Il y a très peu de nouvelles âmes. La plupart sont des âmes de réparation, des secondes âmes. Une personne naît avec une âme qui

a déjà vécu, et elle est mue par cette âme dans certaines directions ; un dibbouk est un cas particulier, où une âme s'attache à une personne vivante et s'en empare. Il se produit alors un clash entre les deux. C'est peu courant. En revanche, la notion de « guilgoulim » fait partie de la vie juive partout dans le monde, et ne relève pas de la haute philosophie.

N. C. : *Le retour de l'âme s'applique-t-elle aussi à l'hérédité familiale ? Peut-on hériter de l'âme d'un ancêtre ?*
R. A. S. : Non ; l'hérédité est un paramètre extérieur. Mon apparence physique correspond à mon héritage, ainsi que ma façon de parler, de bouger... Mais mon âme, ma personne basique, n'a pas forcément de rapport avec ma famille ; elle peut lui être liée, ou lui être totalement étrangère. L'âme est inconsciente.
Et ce qui nous arrive se situe donc à la limite de la conscience : parfois, nous ressentons une attirance pour une personne, pas forcément de nature sexuelle ; il s'agit plutôt d'une grande proximité ou familiarité : car nos âmes sont liées, même si nos hérédités et nos éducations sont différentes. La relation vient d'une incarnation antérieure, dont on ne se souvient pas. Il peut y avoir toutes sortes de rapports liés non à l'hérédité biologique, mais à l'âme, et cela crée un système de relations différent. Nos goûts et nos sélections sont dictés par ce que nous étions avant. Il y a donc toujours une différence entre l'éducation, l'hérédité et l'âme. Quelquefois, ça se mélange très bien, mais parfois ça ne fonctionne pas du tout : j'ai eu une éducation d'un type, mais mon âme est différente. Et ce bagage est difficile à rejeter : donc je continue à enseigner comme professeur à la faculté, car ma famille et mon hérédité me le commandent, mais, profondément, je souhaiterais être cordonnier – c'est ce qui me rendrait vraiment heureux, car c'est le lieu de mon âme !

N. C. : *Il faudrait donc, si je voulais être vraie avec moi-même, suivre mon intuition plutôt qu'obéir à la voie biologique ?*
R. A. S. : D'une certaine façon, ces deux voies marchent ensemble. De même que chaque langage a sa propre culture, avec ses manques et ses richesses (en français, parfois, on ne peut traduire toute une notion par un seul mot), de même, l'âme apparaît dans un corps qui ne comprend pas et ne sait pas réagir, car il est construit dans un format différent : que se passe-t-il lorsqu'une âme humaine transmigre dans le corps d'un chien ? C'est encore plus douloureux ! Et quand une âme d'homme se loge dans un corps de femme ! C'est aussi très compliqué, car l'âme n'a pas d'organe sexuel, mais elle voit cependant les choses à sa façon... il se produira donc un clash dans une personne au corps de femme et à l'âme masculine : elle se sentira confuse, car elle ne comprendra pas ce qui se passe en elle... On peut aussi se sentir appelé à faire certaines choses, à cause de l'incarnation antérieure, mais sans savoir pourquoi...

N. C. : *Où est la solution ?*
R. A. S. : Nous passons notre vie à essayer de résoudre cela ! Selon la vision juive, la difficulté réside dans le fait que nous n'avons pas toujours une âme complète transmigrée, mais juste une partie d'une âme : la même âme peut en effet aller se loger dans deux ou trois personnes différentes, c'est comme une équipe. C'est pour cela que certaines personnes se sentent très liées : elles sont en fait les branches d'une même âme ; malgré la distance qui les sépare, elles gardent une grande affinité et restent en contact, même si elles ne se sont pas physiquement rencontrées. Et parce que la plupart d'entre nous ne connaissons pas les caractéristiques de notre incarnation, nous ne savons pas ce que nous devons faire. Aussi

la chance de la réparation nous est-elle accordée, mais ce n'est pas toujours facile. On pourrait prendre l'exemple de la radio : vous voulez écouter une station et vous n'y arrivez pas, à cause des parasites venus d'autres stations. Notre corps diffuse de puissantes informations issues de notre hérédité et de notre éducation, qui nous empêchent de voir au-delà. Toutes sortes de personnes nous influencent... et finalement, avec tant de données, il devient très difficile d'entendre notre propre programme ! On sait qu'on doit faire quelque chose, mais tout va à l'encontre : le corps, l'éducation, l'hérédité... En général, c'est pendant les dix ans qui suivent l'adolescence que nos choix de base se font. Et puis on continue sur cette lancée, même s'il y a de grands risques qu'on ait fait le mauvais choix. Certaines femmes ont rencontré le mauvais mari et s'interrogent plus tard : « Mais qu'ai-je trouvé dans cet homme ? Qu'ai-je en commun avec lui ? Rien ! » C'est la société, en fait, ou l'idée de la romance, qui a créé l'histoire, rien d'autre ! Parfois, ça passe en une nuit, mais ça peut aussi prendre vingt ans pour se débarrasser d'une erreur. Il aurait fallu s'écouter... Parfois, les parents se trompent, pensant avoir trouvé pour leur enfant la bonne alliance, qui correspond à leurs idées ; et les enfants suivent ce choix par loyauté, ou parce qu'ils sont influencés. Pour finalement découvrir que c'était un mauvais choix ; et parfois, ça se termine en désastre ! L'âme est comme un puzzle.

N. C. : *Mais cette approche est peu courante dans les milieux juifs, où les familles sont généralement très liées ?*
R. A. S. : Oui ! très fortes, et très liées ! Et beaucoup de gens naissent en général dans la bonne famille... Mais vous connaissez l'histoire de la poule qui a reçu toutes sortes d'œufs, dont un de canard : dès sa naissance, le canard part nager dans l'eau, et la poule se désespère,

car c'est le seul qui se sauve ! Mais que faire ? Sa nature est celle d'un canard ! Et il en va de même chez les êtres humains...

N. C. : *La notion de* teshouva, *le « retour » – propre au judaïsme –, est-elle liée à la migration des âmes ? Il s'agirait alors d'un retour vers un lieu où vous réalisez une partie de votre être ?*
R. A. S. : Toute la notion de transmigration fait, d'une certaine façon, partie de *teshouva* : vous n'avez pas fait quelque chose que vous devez faire ! Donc on vous renvoie, et c'est *teshouva.* On vous donne une seconde chance. Vous êtes né dans ce monde, sans connaître vos devoirs, et vous devez faire le juste choix : par la logique de la transmigration, vous allez sentir certaines attirances qui correspondent aux besoins de votre âme. Ces sentiments vont grandir et devenir importants. Je prends mon cas : je regarde un livre de prières, et il y en a avec lesquelles j'ai un rapport immédiat, d'autres non. La différence ne se situe pas tant dans le contenu : je ressens en fait la nécessité de réaliser quelque chose que j'ai raté avant, et c'est la raison pour laquelle j'éprouve un lien particulier, qu'il me faut accomplir dans le présent.

N. C. : *Quelle serait la correspondance en hébreu du mot « âme » ?*
R. A. S. : C'est très complexe, et se situe à différents niveaux : on dit *nefesh*, *ruah*, *neshama*, qui apparaissent sous des formes diverses... et peuvent se croiser.

N. C. : *La transmigration des âmes rejoint la notion de « déjà vu » ?*
R. A. S. : Oh oui ! et il nous arrive d'être dans un lieu inconnu, et de nous y sentir complètement chez nous, sans trouver d'explication rationnelle...

N. C. : *Quelle est votre opinion sur ce mouvement qui a poussé beaucoup de jeunes, notamment juifs, à mener leur quête spirituelle en Inde, et au fait qu'ils y aient trouvé des réponses à leurs questions, dans un lieu qui leur est* a priori *si étranger ?*

R. A. S. : Beaucoup de jeunes ici partent en Inde après l'armée. Certains le font juste parce qu'ils suivent leurs copains. Pour d'autres, ça peut aussi devenir la fin d'une quête spirituelle. Très peu y restent. On ne sait pas toujours pourquoi on entreprend certaines actions... Il y a quelque années, je suis passé dans une ville où je devais donner une conférence ayant plus ou moins trait à la Kabbale... et dans le lobby de mon hôtel, je croise un couple, non marié, venu assister à la conférence : la femme, une mondaine ésotérique, était là avec un homme. Le pauvre, vous savez, un coureur de jupons : elle tenait à assister à cette conférence, et lui n'avait pas le choix... et elle me racontait comment elle étudiait ici, et là... Le garçon, lui, prétendait ne pas être très intéressé, mais mon impression était clairement que la femme ne comprenait rien : c'était un jeu mondain, un amusement avec l'ésotérisme. En revanche, le jeune homme avait une vraie bonne compréhension. Je lui ai donc demandé son nom de famille, antérieur au nom hébreu : c'était celui d'une très célèbre famille de rabbins hassidiques ! Des deux, sans en avoir conscience, c'était lui qui avait la plus grande affinité avec le sujet, car il y était lié de façon très profonde. Et je l'avais senti. Nos parents et nos grands-parents sont en nous ; et ils ont une influence sur nous.

J'ai vécu le même questionnement à l'égard de deux petites filles, de six et huit ans, d'une famille très simple de mon quartier : en les observant, j'ai perçu la noblesse de leur origine, malgré leur simplicité apparente. Le père était menuisier, ainsi que le grand-père, mais les enfants avaient une apparence singulière, et j'ai eu la confirmation de mon intuition quand il m'a indiqué ses origines : cette famille appartenait à la noblesse. En lui, rien ne transparaissait, alors que l'esprit apparaissait dans ses filles, même si elles n'en étaient pas conscientes : il coulait « quelque chose » en elles. Dans ce cas, il s'agit de l'hérédité. Vous avez l'âme, et l'hérédité : les deux se rejoignent et poussent quelqu'un dans une direction que l'éducation n'explique pas. Parfois, les choix sont très différents de ce qu'on aurait pu imaginer ; il arrive que les similitudes remontent à six générations, et d'autres fois ce sont les caractéristique d'une âme qui n'appartient pas à cette famille. C'est le destin : certains choisissent des voies simples ; pour d'autres, c'est très compliqué. L'impulsion intérieure n'est pas toujours juste. C'est ce que vous faites de votre impulsion qui compte, le choix que vous opérez.

N. C. : *A-t-on le choix ?*

R. A. S. : Oui, nous l'avons ; même si, le plus souvent, on ne sait pas ce qu'on fait. Parfois, les gens vont vers leur destruction, ils le savent, mais ne peuvent l'éviter. D'autres fois, ils font quelque chose de bien, sans savoir pourquoi non plus. Quand une chose m'attire, ça peut être juste, mais aussi l'inverse... Ça veut surtout dire que c'est important et, pour cette raison, je dois y réfléchir. Quand les gens tombent amoureux, ça ne veut pas dire que c'est la bonne personne, mais que quelque chose, dans l'interaction, demande à être résolu : et la réponse peut être négative !

À l'époque de mes études, l'une des jeunes filles de la classe détestait un garçon, et elle lui disait : « Si tu entres dans la pièce, j'en sors ! » Aujourd'hui ils sont mariés, depuis quarante ans : pourquoi ? C'était une réaction, voilà tout ! Mais elle avait reconnu quelque chose de spécial en lui... Nous recevons énormément de telles informations, mais qu'en faire ? Nous ne connaissons pas toujours la réponse : nous ne sommes pas seuls au monde, nous sommes entourés d'âmes, et nous avons des connexions. Certaines sont importantes, d'autres pas. Parfois, dans la vie d'un homme, en quatre-vingts ans, la chose la plus importante se passera pendant les deux minutes où il ouvrira les portes de sa vie : même s'il ne fait rien activement dans cette minute d'intersection, tout le reste se situera avant et après, et toute sa destinée changera à ce moment-là, parce qu'une rencontre, cruciale, aura modifié le cours de sa vie. Et c'est ça qui compte. Vous êtes donc amené dans les endroits les plus bizarres... et vous ne savez pas pourquoi... Je me suis retrouvé un jour dans une ville des États-Unis où je devais donner une conférence : personne n'est venu, car la conférence était mal annoncée, mais il y avait quand même un tout petit public, et j'ai donc parlé. J'étais très en colère : quelle perte de temps et d'énergie ! Et puis, après la conférence, un homme est venu vers moi et m'a demandé : « Vous ne me reconnaissez pas ? Il y a douze ans, je suis allé écouter une de vos conférence qui a totalement changé ma vie ». Par la suite, j'ai rencontré son fils, qui étudie avec le mien. Il y a une vie et un chemin, et je devais passer par là, car j'avais un rôle à remplir pour cet homme, à ce moment-là, et c'était important pour lui. Et j'ai eu la chance de le savoir : il aurait pu mourir et je ne l'aurais jamais su ! Je suis sûr qu'il y a un tas de situations comme ça qu'on ne connaît pas ; vous parlez à quelqu'un, vous passez du temps avec cette personne, un jour, un mois, et vous ignorez vraiment pourquoi... Dans la tradition juive, après la mort, les gens voient leur vie comme un film : ils la regardent objectivement, et c'est le début de l'enfer, parce qu'ils voient les événements, leurs interprétations et, pire, les erreurs. La vie d'une personne peut se résumer au fait d'avoir eu un enfant...

N. C. : *Il y aurait donc un sens très fort de la destinée : nous ne pouvons échapper à ce que nous sommes, ni au fait d'être multiples. Sommes-nous obligés d'obéir à tout cela ?*

R. A. S. : Nous ne pouvons échapper à ce que nous sommes, ni à ce que nous devons faire. On avait coutume, en Pologne, de donner à la fiancée juive, quand elle venait voir ses beaux-parents, une boule de laine pleine de nœuds, pour voir si elle était patiente. C'était un test de future épouse, comme dans la vie : il n'y a pas de lignes droites, mais plein de nœuds... Je le faisais aussi, pour ma grand-mère, quand elle tricotait... Vous savez, *kaddish* (la prière des morts), bizarrement, n'a rien à voir avec la mort, et ne la mentionne même pas ! C'est en vérité l'équivalent de gloria, « à la gloire de », tout simplement ! L'idée de *kaddish*, c'est d'exprimer l'amour que l'on ressent pour quelqu'un. L'influence d'une vie ne s'éteint pas au moment où l'on meurt, car on laisse des choses derrière soi. Dans le cas des parents, ce sont leurs enfants. Si ceux-ci réalisent quelque chose d'important, la vie des parents acquiert un autre sens. Et plus l'enfant dit le gloria, plus la vie de ses parents prend un sens particulier. La mort d'un parent peut avoir plus d'impact que sa vie, parce que c'est là que ses enfants se mettent à bouger... La valeur d'une vie, c'est aussi les résultats : les enfants, ou quelqu'un qui écrit un livre, quelque chose qui agit et continue sa destinée... Qu'on soit écrivain ou politicien, la vie personnelle n'a pas d'importance. C'est ce qu'on fait avec et pour les autres qui compte. Telle est la complexité du destin.

À lire :
***La rose aux treize pétales*, Adin Steinsaltz, éd. Albin Michel.**

[1] Éditions Albin Michel.

Naît-on juif chacun son tour ?

Le grand écrivain germano-britannique Elias Canetti, échappé de la Shoah de justesse, ne connaissait que les juifs d'Europe. En découvrant les séfarades du Maroc, en 1953, il a un choc : le voilà directement plongé dans la Bible ! Et tous ces gens ont l'air de se croire juifs de toute éternité !
« Aussitôt que je fus seul, je trouvai le chemin du Mellah de Marrakech. Dans des échoppes basses, des hommes étaient accroupis au milieu de leurs marchandises. La plupart portaient la petite calotte noire qui distingue ici les juifs, un très grand nombre étaient barbus [...]. J'avançais aussi lentement que possible et je scrutais les visages. Leur diversité était étonnante. Il y en avait que, dans d'autres vêtements, j'aurais pris pour des Arabes. Il y avait de lumineux vieux juifs de Rembrandt. Il y avait des visages de moines d'une humilité silencieuse et subtile. Il y avait des juifs éternels dont l'inquiétude se lisait sur tout le corps. Il y avait des Français, des Espagnols, des Russes roussâtres. On aurait pu saluer en l'un d'eux le patriarche Abraham. Il parlait avec condescendance à un Napoléon, et un prétentieux agité qui ressemblait à Goebbels se mêlait à la conversation. Je pensais à la migration des âmes. Peut-être, me dis-je, chaque âme humaine doit-elle au moins une fois devenir juive, et voilà qu'elles sont toutes réunies là. Aucune ne se rappelle ce qu'elle fut autrefois et, même lorsque cela se voit si clairement dans leurs traits que moi, un étranger, je m'en aperçois, chacun de ces hommes croit dur comme fer qu'il descend en droite ligne du Peuple de la Bible. »

Elias Canetti, *Les Voix de Marrakech*, éd. Albin Michel.

Quand la découverte des « vies multiples » revivifie la foi chrétienne

RENCONTRE AVEC MARIE STANLEY,
PAR ALAIN VALADE

Je vous le dis, Élie est déjà revenu et ils ne l'ont pas reconnu !
SAINT MATTHIEU

Vous ne le saviez pas ? Nous nous promenons dans la vie tout endormis.
HENRY MILLER

Marie Stanley se définit d'entrée comme une « catholique de base », simple laïque, « la piétaille de Dieu » comme l'appelait Bernanos. Pourtant, en 1989, elle a osé un ouvrage intitulé *Christianisme et Réincarnation, vers la réconciliation*. Et, neuf ans plus tard, elle a récidivé en publiant *Réincarnation... la nouvelle affaire Galilée* [1] ? Cette interrogation audacieuse donne le ton. Il y a du questionnement dans l'air chez les chrétiens. Pour certains d'entre eux, la réincarnation s'appelle « vie plurielle ».

Dès les premières pages de son second livre, Marie Stanley lance un appel, un véritable cri à l'adresse des autorités religieuses de l'Église romaine – en son nom propre, mais aussi au nom de nombreux fidèles partageant ses convictions. Écrivant, aujourd'hui, en pleine maturité d'esprit, elle confesse : « Après avoir reçu avec joie et docilité une stricte éducation catholique, j'ai commencé d'être en proie au doute dès le seuil de l'adolescence. Une contradiction m'a sauté aux yeux : c'est l'immense fossé entre le Dieu d'amour infini et sa créature vouée, à l'issue d'une courte vie, à comparaître devant le tribunal suprême pour y subir un jugement définitif et sans appel. Sentence signifiant, en certains cas, une éternité de tourments. L'incroyance me guettait de près, lorsque l'alternative de l'existence plurielle a surgi sur ma route : j'y ai vu la concrétisation de la patience du Père, une façon de le restaurer dans sa miséricorde essentielle, avec son insondable capacité à supporter les lenteurs de ses enfants bien-aimés, mais si vacillants, qui pas à pas – vie après vie – cheminent vers Lui.

« Dès ce moment, mon paysage intérieur a changé : le chaos qui commençait à envahir mon esprit où s'entrechoquaient des principes religieux incompatibles a cédé la place à la cohérence. J'ai adhéré pleinement à l'idée des vies successives, tout en restant dans le giron d'une Église à laquelle je me sens encore aujourd'hui très attachée. »

Avant de s'engager dans sa plaidoirie, Marie Stanley, s'inquiète de deux handicaps de départ, menaçant une reconnaissance officielle de son témoignage : son sexe, auquel le droit d'expression est peu reconnu par « le sérail des théologiens depuis plus de vingt siècles » ; sa non-appartenance à un ordre religieux : « Affrontée à la luxuriance doctrinale, dit-elle, je vais de-ci de-là, prospectant librement les œuvres des Pères de l'Église et les textes sacrés, sans le secours d'une grille de lecture homologuée. » Son enquête se développe en trois parties, que nous allons résumer ici.

Il s'agit d'abord d'un constat sur l'actualité de la croyance en des vies successives. Marie Stanley nous apprend que 24 % des Français adhèrent à l'idée des « vies multiples » (21 % pour l'ensemble des populations européennes). Ce pourcentage passe à 34 % chez les catholiques pratiquants convaincus, croyant à un Dieu personnel, et âgés de dix-huit à quarante-quatre ans. Une enquête encore plus surprenante, concernant les 18-24 ans, montre que 43 % des jeunes catholiques français croient à la réincarnation [2] !

Les responsables religieux sont d'autant plus surpris que rien ne les avait préparés à affronter un phénomène aussi atypique, ayant plutôt à combattre l'indifférence et l'athéisme qu'un point de doctrine écarté par eux depuis des siècles. Cette prise de conscience a entraîné de la part de l'institution romaine une vive réaction traduite par une campagne musclée contre les réincarnationnistes catholiques. En avril 1991, un théologien, professeur au séminaire de Paris, proclame sur Radio Notre-Dame : « Si vous croyez à la réincarnation, vous n'êtes plus chrétiens ! » *Le Catéchisme de la foi catholique*, publié en 1992, est encore plus catégorique : « Il n'y a pas de réincarnation après la mort » (article 1013).

Marie Stanley déplore cette radicalisation tout en reconnaissant la difficulté de concilier avec la réincarnation les principaux articles de foi : rédemption, vision eschatologique portant sur la fixation du destin éternel dès l'instant de la mort, enfer perpétuel et résurrection de la chair. « Sur le terrain, dit-elle, un véritable tir de barrage s'est mis en place en quelques années pour répondre aux impératifs de la bataille. Tous les organes disponibles et les moyens d'action se sont mobilisés en une parfaite convergence. Pratiquement, il n'est pas une seule revue catholique – de la plus populaire à la plus élitiste – qui n'ait alimenté d'un ou plusieurs articles la campagne anti-réincarnationniste. »

À cela s'ajoutent les colloques, les émissions de radio, les sermons de carême à Notre-Dame de Paris, et une myriade d'homélies prononcées dans les églises de campagne les plus reculées. Devant l'ampleur de cette offensive, Marie Stanley ne peut s'empêcher de faire un rapprochement avec l'argumentation utilisée, il y a trois cent cinquante ans, pour condamner Galilée quand il eut l'outrecuidance d'affirmer la rotation de la terre autour du soleil.

Avec beaucoup de précaution et en relativisant souvent, l'auteur fait remarquer que, dans les deux cas, il s'agit de la part de l'Église d'un refus obstiné de renoncer à une « interprétation des écritures », même si celle-ci s'oppose aux découvertes irréfutables de la science.

Pour étayer sa thèse, elle déclare : « [...] les vérifications expérimentales ne cessent de s'accumuler. Même pour un regard minimaliste, la présomption de preuve en faveur de la "vie plurielle" existe déjà comme telle. Et quel que soit le degré de consistance que lui attribuent les uns et les autres, il est dès aujourd'hui suffisant pour inspirer une circonspection déconseillant les négations de principe. »

Suit un tableau récapitulatif qu'elle intitule : « Faisceau des recherches expérimentales et des indices empiriques convergeant sur l'hypothèse de la réincarnation » et qui se conclut ainsi : « Dans ce tracé général, l'apport du Pr Stevenson et des autres universitaires tient une place spécifique, de premier rang. Répondant pleinement aux critères de scientificité, leurs travaux appartiennent à un champ de recherche expérimentale où la réincarnation est désormais une hypothèse rationnellement validée. »

Sur la résurrection

Par Jean-Yves Leloup

On confond sans cesse résurrection et réanimation. Beaucoup de chrétiens croient encore que leur corps au tombeau va être réanimé le jour du jugement dernier, ce qui est très matérialiste comme idée. Pourtant, il est bien dit que ce n'est pas la chair et le sang qui héritent du royaume. Ce qui ressucite, ce n'est pas votre corps charnel mais l'Esprit-Saint en soi. Le Christ sur la croix, lorsqu'il crie : « Pourquoi m'as-tu abandonné ? », entre dans l'expression de la mort totale.

Il entre dans le vide total, il vit le rien. Lui qui vivait une relation consciente avec l'énergie Dieu ne sent plus rien que la souffrance. Et c'est sur cet abandon, ce vide, que peut se bâtir le tombeau vide.

Notre drame, c'est que le tombeau n'est jamais vide : il est plein de notre cadavre. Il est plein de l'espérance que nous avons au sujet de notre cadavre, de sa réanimation ou de sa réincarnation. Le Christ, lui, est mort dans le plus grand rien. Il s'est consumé totalement jusqu'à l'invisibilité de son cadavre. Il s'est donné totalement. Jusqu'à se donner à manger à nous dans l'ostie !

À nous de comprendre ce rien qui est tout, cette absence-présence. Cela nous conduit loin de toutes les spéculations sur l'après-vie et la réincarnation. Avant de vouloir nous réincarner, pensons plutôt à notre incarnation actuelle !

(Extrait d'un dialogue avec Yvan Amar.)

Dans cette deuxième partie, Marie Stanley s'attache à analyser de façon approfondie deux points essentiels, qu'elle considère comme deux piliers de la foi chrétienne : « L'En-deçà » (création de l'homme, péché originel, paradis perdu) et « l'Au-delà » (la mort en tant que fixation du sort éternel, résurrection ou damnation définitive).

L'En-deçà concerne évidemment la Genèse, telle qu'elle nous est livrée dans le premier chapitre de la Bible. Pour Marie Stanley, qui considère non pas les exégèses laïques – telle, par exemple, la sublime lecture psychosymbolique d'une Annick de Souzenelle – mais l'interprétation officielle de son Église (strictement reprise par les auteurs du catéchisme de 1992), l'En-deçà chrétien est « en déficit de crédibilité » du fait qu'Adam et Ève soient désignés comme auteurs d'un désastre moral répercuté sur tout le genre humain, à la manière d'une malédiction ontologique.

Malgré toutes les sympathiques tentatives des théologiens modernes pour actualiser ce scénario de la Chute, Marie Stanley prend à témoin l'historien catholique Jean Delumeau, qui « s'avoue effaré par les distorsions qu'il observe entre la modernité et les représentations de la faute élaborées par le *Catéchisme de la foi catholique* » – étant lui même catéchiste, il se sent concerné au premier degré. Avec anxiété, Delumeau entrevoit un funeste développement : « C'est une nouvelle affaire Galilée qui commence », écrit-il dans le n° 282 de *Panorama.* Cette exclamation a directement inspiré le titre du livre de Marie Stanley, qui demande : « Que va-t-il se passer dans le vécu de la foi ? »

Depuis la parution du *Manuel romain*, les croyants de la base se retrouvent en effet devant un panorama du péché originel qui est plus que jamais scindé de toute la conception moderne de l'existence.

Pour tenter de sortir de l'impasse, la fidèle catholique fait appel à deux géants de sa religion : d'abord à Origène, l'un des Pères les plus éminents de l'Église des premiers siècles, puis au père Teilhard de Chardin, plus proche de nous et habilité à parler sous la double casquette du théologien et de l'homme de science.

Selon Origène, nos âmes ont été créées par Dieu avant même la formation de l'univers, dans une phase précosmique. Cependant, certaines de ces âmes se sont détournées de leur géniteur divin, se préférant elles-mêmes à lui. Cette brisure s'est traduite par leur insertion dans des formes corporelles de matière lourde et leur arrivée sur terre (ce qui signifie que la terre n'est pas le lieu de la Chute mais son point d'arrivée [3]). S'amorce alors, selon Origène, le long voyage de retour, ponctué par des réincarnations qui, degré après degré, ramènent les âmes au Père, par acceptation de la grâce qu'offre le Verbe incarné.

Si, du côté de Teilhard, le problème se résoud aussi, c'est du fait de l'inconsistance qu'introduit la rupture d'harmonie de la supposée Chute dans la continuité du mouvement ascensionnel qu'est l'Évolution. Ce que Marie Stanley appelle le remède « origéno-teilhardien » consiste donc à évacuer tout simplement l'imagerie classique du péché originel. Son remplacement s'opère par effet complémentaire de deux pensées dont le point commun est d'inscrire l'action salvatrice du Christ dans un processus cosmique de déploiement évolutif. Le paléontologue Teilhard de Chardin apporte au schéma origénien le renfort d'une information évidemment inconnue au IIIe siècle : l'hominisation, phénomène traduisible, en termes de réincarnation, par les multiples paliers corporels jalonnant, selon le maître alexandrin, la route du retour à Dieu. Progression à double face qui concilie le collectif et l'individuel : personne ne reste en arrière dans une métamorphose qui, de naissance en naissance, « recycle » sans cesse ses participants. S'agissant de ce que Teilhard nomme « la complexité-conscience » suivant un axe ascensionnel, Origène l'aide à préciser que cette montée est en fait une remontée. Les âmes, dans leur préexistence, ont en effet connu un radieux état d'être lorsqu'elles partageaient l'intimité de leur Créateur.

Vue sous cet éclairage, l'évolution devient le phénomène global dans lequel la conscience triomphe peu à peu de l'engourdissement consécutif à la Chute. Et, à l'échelle de l'individu, la réincarnation est la reprise de cet élan.

Poursuivant sa quête, Marie Stanley en vient ensuite au second pilier de la foi catholique : « l'Au-delà ». Mettre une nouvelle fois en cause les rigidités du dogme va lui permettre d'expliciter sa position de réincarnationniste en débattant cette fois des dogmes de l'enfer, du purgatoire et de la résurrection.

Elle commence ainsi : « Si l'on tient pour certain que l'existence terrestre est distribuée à chacun en un seul et unique exemplaire, sans possibilité de reprise ultérieure, à l'évidence la brisure du trépas revêt la solennité du jamais plus : la copie est remise au Maître, sans espoir de retouches ou de ratures... »

La théologie, poursuit-elle, a décrit la mort comme un couperet à double tranchant. Arrêt de la vie organique, bien sûr, mais surtout arrêt de caractère suprasensible, avec cette répercussion majeure : la volonté de l'âme est empêchée à jamais de produire un autre mouvement que celui qui était le sien à la seconde où a surgi la mort. La liberté dont elle était douée durant sa vie terrestre se bétonne dans l'immuable ; elle se retrouve comme saisie dans un instantané qui la fixe pour toujours dans son option. »

Suit un inventaire fourni des nombreux religieux de notre temps qui font encore écho à ces assertions, aboutissant à la menace de l'enfer éternel, que confirme le catéchisme de 1992 : « La mort met fin à la vie de l'homme comme temps ouvert à l'accueil ou au rejet de la grâce divine » (§ 1 021). Ou bien : « Chaque homme reçoit dans son âme immortelle sa rétribution éternelle dès la mort » (§ 1 021). Ou encore : « Il n'y a pas de repentir pour les hommes après la mort » (§ 393).

Si des affirmations aussi abyssales pouvaient impressionner les chrétiens d'autrefois et les exhorter à plus de vigilance dans la conduite de leur vie, quel sens peuvent-elles prendre pour la foule des jeunes ayant participé avec enthousiasme aux JMJ de 1997 ? Quelle place font-elles aux paroles d'amour de Jésus, à la miséricorde infinie du Père Créateur, à l'esprit de liberté ? « Devant un tel tableau, demande la chrétienne interloquée, n'est-il pas logique que certains des nôtres, désemparés, voient dans la dynamique des vies multiples un moyen de rectifier l'image d'un autre monde ressemblant à un piège ? »

Avant de répondre à sa propre question, Marie Stanley rappelle que dans un sondage publié dans la journal *La Croix* du 16 juillet 1992, 60 % des catholiques pratiquants (soit 9 % de la population) rejettent le dogme de l'Enfer : parmi eux, de simples prêtres, des religieuses et également de hautes personnalités ecclésiales comme le père Urs von Balthasar, célèbre théologien, très apprécié par Jean-Paul II. Dans une interview au *Monde*, il déclarait le 9 octobre 1987 : « Regardez les porches des cathédrales et Michel-Ange : cette prédication de l'enfer ne peut plus toucher les cœurs aujourd'hui. [...] L'idée qui consiste à limiter l'espérance est contraire à toute vision chrétienne. »

Cependant, malgré toutes ces tentatives d'ouverture, le légalisme du Vatican ne baisse pas la garde. Arrivée à ce point de non-retour, Marie Stanley revient à la charge : « C'est ici, écrit-elle, que "l'affaire" de la réincarnation prend une dimension qui dépasse ses propres contours : elle sert de "révélateur". La croissante fascination des chrétiens pour le principe des vies successives a un lien indéniable avec la doctrine officielle sur “les fins dernières”. Leur attrait grossit en proportion de la répugnance qu’ils ressentent envers l’image d’un Dieu tortionnaire. »

« Je crois à la résurrection de la chair. »

Autre difficulté de la foi formalisée par l’Église : la résurrection ! Le catéchisme universel promulgue : « Nous ressusciterons comme Jésus, comme Lui, avec Lui et par Lui » (§ 995). De même, le catéchisme des évêques affirme : « La loi de la résurrection de Jésus sera la loi de notre propre résurrection » (§ 214). En réalité, poussant son enquête plus avant, la paroissienne Marie Stanley découvre que, selon le dogme, la résurrection du Christ et la nôtre « divergent sur des points forts », notamment sur les dispositions de nos cœurs. « En effet, non seulement notre adhésion à Dieu – plus ou moins molle ou ardente – est comptée pour rien, mais, mieux encore, une volonté humaine tordue par la haine et le désespoir – donc violemment opposée au Père céleste – ne saurait empêcher la résurrection : même les esprits des damnés doivent, on le sait, récupérer leur corps. Étrange symétrie théologale, où la défiguration des réprouvés fera pendant à la transfiguration radieuse réservée aux élus. Rapport d’inversion qui viendra éterniser le rire de Satan en scellant la matérialité de sa réussite.

« Il se trouve cependant que la résurrection de la chair accordée à tous (suivant le catéchisme) n’entre pas dans les vues de saint Paul. Jamais il n’est question pour lui de ces pauvres ombres conviées malgré elles à prendre forme et consistance dans l’horreur définitive. Car, à ses yeux, la résurrection comportera la rédemption du corps, étape terminale du salut, effet direct de l’épanouissent spirituel de l’homme (épitres Rom, VIII, 22-23,

Cor 15-20). « Ces notables disparités entre les positions de saint Paul et l'eschatologie catéchistique ne vont-elles pas renforcer le chrétien dans la défiance ? » Il se trouve que cet amas de difficultés tend à se dissoudre, une fois abordé sous l'angle de la réincarnation, notamment lorsque les textes officiels affirment que la résurrection de Jésus doit servir de modèle à la nôtre – « comme le Christ », précisent-ils : cette expression prend alors un relief saisissant. Finalement, dans une dernière partie, la chercheuse rassemble toute son argumentation dans un chapitre très clair, qu'elle intitule « Vers l'Ouverture ». Laissons-la donc terminer elle-même cet article.

Vers l'Ouverture

« L'expansion de la réincarnation en terrain chrétien, écrit Marie Stanley, a pour effet de braquer le projecteur sur des questions "sensibles" qui attendent d'être ressaisies par le fond : le problème du mal, l'anthropologie religieuse, l'Au-delà... Faute de procéder à des réinterprétations ouvertes sur la modernité, l'enseignement incite maints croyants à chercher ailleurs, ce qui les transforme parfois en réincarnationnistes. J'en suis un vivant exemple parmi bien d'autres.

« Ce qui m'étonne encore, c'est qu'ayant trouvé dans la réincarnation un recours contre l'incohérence de certains énoncés, je n'aie pourtant jamais ressenti le besoin de quitter l'Église. Et ce n'est pas faute d'avoir été houspillée ou traitée d'hérétique ! En bonne logique, n'aurais-je pas dû partir ? Mais non, je me suis cramponnée, voilà tout. D'abord et essentiellement à cause du Christ. Ensuite parce que, plus ou moins confusément, cette impression s'est fait jour en moi : au-delà d'une coque dogmatique très compacte, peut-être y a-t-il des réserves de sens à explorer, des espaces de vie où la pensée évangélique peut se mouvoir hardiment ? Et ce, en dépit de l'épaisse rhétorique sécrétée par l'appareil. Bref, j'ai appris, sur le modèle de Simone Weil, à aller un peu plus loin que les apparences, à distinguer dans l'Église "le noyau incorruptible de la vérité" et ce qu'elle appelait "le gros animal totalitaire".

« Paradoxalement, la récente parution du *Catéchisme romain* (1992-1998), qui est à bien des titres un "remake" du manuel de 1556, n'a fait que relancer mon optimisme. En raison de son ossification théologique clairement visible, il offre l'avantage de hâter le mûrissement des choses. Il favorise un formidable appel d'air... En conséquence, il ne pourra que conforter les hommes d'Église déjà nombreux à rêver – ouvertement ou en secret – d'une refonte doctrinale. Beaucoup reconnaissent aujourd'hui ce fait : si le christianisme contient des idées clés d'une beauté inaltérable, les serrures conceptuelles préposées à leur fonctionnement sont bloquées par la rouille accumulée dans des théologies déphasées. Elle n'ouvrent plus ! Et le nombre de ceux qui restent à la porte croît chaque jour.

Après avoir remué dans tous les sens l'idée de réincarnation, il me semble aujourd'hui en maîtriser quelque peu la fascination et en entrevoir les limites. Certes, elle aide à "innocenter" Dieu, mais elle n'arrive pas pour autant à épuiser le mystère du mal, même si elle assure la viabilité de certaines pistes. En outre, insérée dans une perspective chrétienne, elle ravive le sens de l'effort personnel en liaison avec le karma, mais elle n'est pas une autosalvation : se bornant à insister sur le facteur "temps", elle signale seulement la dureté de nos cœurs si lents à s'ouvrir à la Grâce divine.

« Peut-être serait-ce dans la pratique existentielle qu'une réincarnation christianisée aurait plus spécifiquement son mot à dire : un mot capable de déjouer les pièges de l'attitude fataliste face aux épreuves de la vie et, surtout, de la passivité devant le malheur d'autrui (travers que, personnellement, je n'ai pas su toujours éviter).

« Finalement, le signe d'une intégration réussie ne serait-il pas d'attirer davantage le regard sur "l'ici et le maintenant" ? En somme d'encourager des dispositions propres à dépassionner les choses, à éviter l'esprit de système, jusqu'à pouvoir dire, comme Oria, auteur de l'Évangile de la Colombe :

« Vous croyez aujourd'hui
à la réincarnation et demain
vous la dépasserez.
Comme toujours, tout vous
sera livré selon votre don.[4] »

[1] Éditions Lanore, 1998.

[2] Sondage CSA févier, mars 1997, *La Vie n°* 2691, page 32.

[2] Ici, la vision d'Origène se relie parfaitement à la pensée de Nicolas Berdiaev : « La chute de l'homme s'est produite hors de ce monde de phénomènes et hors de ce temps. Ce monde et ce temps sont au contraire produits de la déchéance. » Métaphysique eschatologique. Le grand philosophe russe croyait aussi à la préexistence des âmes.

[3] *L'Avenir de l'homme*, éd. de L'Homme.

[4] *La Révolte essentielle*, Oria, éd. Le Nouveau Signe.

« Nous sommes des fragments d'êtres assoiffés de retrouvailles »

ENTRETIEN AVEC FRANÇOIS BRUNE,
PAR ALAIN VALADE

Connu pour son audace théologique, le père François Brune ne croit pas, lui non plus, que la réincarnation soit nécessaire pour expliquer les « souvenirs de vies antérieures ». Morcelées ou fusionnées, nos âmes obéiraient à une économie ignorant les frontières individuelles.

Nouvelles Clés : *Quelle est la position de l'Église sur la réincarnation ?*

François Brune : En fait, il n'y a pas de position officielle de l'Église catholique. Quantité de livres et d'articles répètent à l'envi que l'Église aurait d'abord admis la réincarnation, puis qu'un petit groupe de théologiens l'auraient condamnée, ne laissant aux fidèles aucun espoir de salut en dehors de cette vie-ci. Il semble que certains fans de cette doctrine aient accrédité cette légende. En fait, on trouve au cours des siècles, y compris à notre époque, des théologiens qui admettent la réincarnation et qui l'enseignent, précisément parce que cela n'a jamais été condamné officiellement – beaucoup de théologiens pensent d'ailleurs que la contradiction avec la foi de l'Église est trop évidente pour rendre une telle condamnation nécessaire. C'est l'opinion de Jean Vernette [1]. D'autres, comme le cardinal Mercier, au début de ce siècle, ou comme le cardinal Daniélou plus récemment, ne voient pas en quoi il y aurait opposition avec leur foi.

N. C. : *Quelles sont vos propres idées sur le sujet ?*

F. B. : D'abord, il me semble que l'on n'avancera pas vers une meilleure compréhension du mystère de nos vies en procédant par condamnations ou affirmations péremptoires. Nous avons toujours tendance à simplifier le mystère. Reconnaissons seulement pour le moment que, sur ce point comme sur tant d'autres, nous ne savons, au sens fort du mot « savoir », vraiment rien. Nous n'avons aucune preuve absolue, ni pour affirmer ni pour nier une éventuelle loi de réincarnation. Il me semble, quant à moi, que les indices rassemblés en faveur de cette hypothèse nous amènent surtout à entrevoir un aspect jusqu'ici insoupçonné de nos existences. C'est cette nouvelle piste de recherche que je voudrais brièvement évoquer [2]. Un assez grand nombre de scientifiques, qui ne s'occupaient absolument pas de réincarnation, en sont arrivés, en étudiant la matière, à concevoir que le monde fonctionnait comme un hologramme. On sait que dans un hologramme chaque point du support « contient » tous les points de l'image. N'importe quel fragment d'hologramme, traversé par le rayon de référence, va restituer l'objet holographié en entier. Eh bien, de la même façon, chacune de nos consciences « contiendrait l'information de toute l'humanité ». Cet hologramme que nous formons tous est probablement holochrone, c'est-à-dire qu'il correspond à l'ensemble de l'humanité, non seulement d'aujourd'hui mais de tous les temps, des origines à la fin du monde. Chacune de nos consciences contiendrait celles de tous les hommes à travers les siècles. Il n'y aurait donc rien d'étonnant à ce que, dans un état second provoqué par un choc, un accident, un analgésique ou même un moment de fatigue ou de relaxation, ou encore sous hypnose, on puisse retrouver et revivre les événements d'une vie passée. Mais rien ne prouve que l'on ait personnellement vécu cette vie-là ! Il arrive par exemple que l'on revive comme des vies passées personnelles, en principe successives, des vies qui, en réalité, ont été contemporaines. J'ai connu une femme qui s'était vue, dans une « vie passée », engagée dans la guerre du Pacifique. Elle n'avait pas réalisé qu'à cette époque-là, elle vivait déjà ! Elle avait « revécu » la vie de quelqu'un d'autre, mort entre-temps. Je crois qu'en fait nous ne sommes jamais seuls. C'est clair dans certains cas pathologiques de possession. Ou, à l'inverse, chez certains mystiques, appelés à partager les épreuves d'autres personnes. Ce que les chrétiens appellent la « communion des saints ». Un sujet immense... qui mériterait un grand papier !

[1] Jean Vernette, *La Réincarnation*, coll. « Que sais-je ? », 1995.
[2] *Christ et Karma*, éd. Dangles, 1995.

« Nos erreurs ne nous sont pas renvoyées comme des boomerangs »

ENTRETIEN AVEC ANDRÉ,
PAR MARIE STANLEY

Sans préoccupation spirituelle jusque-là, André vit une expérience très forte à l'âge de seize ans. Il a l'impression de revivre des scènes du passé, notamment au temps du Christ. Un bouillonnement se déclenche. Quatre ans plus tard, il nous fait part de ses réflexions.

Quel est donc, selon ce jeune homme tout vibrant de foi (et tenant à l'anonymat), le sens de la réincarnation ?

« Tout ceci serait assez simple, répond-il, si ce que l'on nomme "karma" n'était qu'un courant qui va de soi à soi, du passé personnel au présent personnel. Mais je pense qu'il en va autrement. Chacun se trouve lié aux autres dans un réseau très dense. L'humanité est embarquée dans la même aventure. Je ne crois pas que toutes nos erreurs nous sont uniformément renvoyées comme des boomerangs. Certaines souffrances n'ont pas de lien obligé avec le passé ; simplement, elles ont été acceptées pour progresser plus vite ou pour aider les autres. Et puis, il y a celles qui proviennent de la méchanceté générale de l'humanité. »

Une enfilade de vies doit quand même se traduire par un formidable enrichissement intérieur. André n'est pas de cet avis : « En un sens, nous pouvons nous voir comme la somme de tout ce que nous avons été. Mais en même temps, placées sous la lumière de Dieu, les choses se présentent autrement, aux antipodes de toute idée d'amoncellement ou d'autoconstruction. Voici comment elles m'apparaissent : lorsque je serai, je saurai que je ne suis rien. Car ce qui compte, c'est l'oubli de soi, l'abnégation mise au service de Dieu. Et quand, enfin, je réaliserai que vraiment je ne suis rien, je vivrai le "Je suis", j'en serai la manifestation. »

Sur le plan de la doctrine religieuse, l'absence de culture d'André est compensée par sa compréhension spontanée du christianisme, traversée d'intuitions visionnaires : « Nous jouissions de tous les attributs de Dieu, car Il nous avait façonnés à sa ressemblance et nous appelait à vivre l'amour dans toute sa force. Mais nous nous sommes centrés sur nous-mêmes, nous prenant pour Lui. Acte d'orgueil insensé que, d'ailleurs, quantités d'autres créatures ont commis. À nos esprits désireux de “vivre leur vie”, il a été permis de se réfugier dans l’espace-temps, chacun encapsulé dans une corporéité opaque lui donnant une impression d’indépendance. »

Version imagée de la Faute originelle, non sans ressemblance avec celle d’Origène (IIIe siècle), dont André ignore jusqu’au nom. Notre chute est beaucoup plus profonde que nous le pensons, et ce n’est pas en une seule existence que nous pourrons en sortir : « Voilà pourquoi la filière des réincarnations est une façon pour Dieu d’obtenir peu à peu notre consentement à nous laisser sauver par Lui. Dans ce plan au long cours, l’action du Christ se récapitule dans ses propres paroles : “Lorsque je serai élevé de terre, j’attirerai tout à moi” (Jean, XII, 32). Or le sens de ce projet ne se limite pas à une dimension morale ou supraterrestre. L’attraction promise doit aussi s’exercer sur nos corps. D’où l’importance qu’il convient de donner à la corporéité du Christ et à certaines de ses répercussions sur notre propre composante charnelle. Quelque chose de nouveau est alors arrivé. »

En bref : incarnation et résurrection ont augmenté le rayonnement vibratoire du corps chez tous les humains, même s’ils ne s’en sont pas rendu compte. La matière ainsi vivifiée est appelée à se transformer peu à peu, à se spiritualiser, sur une échelle de temps immense. C’est ici qu’intervient le rôle moteur de la réincarnation, qui fournit l’instrument de relais capable d’escorter, à travers la durée, cette « attraction » dont parle le Christ.

« L’âme qui passe d’un corps à l’autre emporte chaque fois avec elle quelque chose de l’enveloppe charnelle, comme une quintessence qui, dans une existence suivante, se communiquera à la partie physique. Degré par degré, cette vitalisation de la matière se traduit par une réunification du corps et de l’esprit, jusqu’à atteindre une plénitude dont la résurrection du Christ a frayé la voie d'accès. Au matin de Pâques, la matière de son corps a été embrasée, transmuée en lumière, entièrement enlevée par le feu de l'Esprit. Lorsque nous-mêmes parviendrons à accomplir la volonté du Père, c'est sans entrave que le corps manifestera l'âme dans une coïncidence parfaite. »

La grande alliance entre « familles présentes » et « familles précédentes »

Entretien avec Fayad Bassem,
par Dominique Godrèche

Les rêves de notre vie présente sont la substance qui donne forme aux impressions de nos vies précédentes.

LÉON TOLSTOÏ

Comme l'herbe des champs, j'ai maintes fois poussé sur les berges.

EL HALLAJ

Al Takamos, un film de Fayad Bassem, nous révèle qu'une culture méditerranéenne, celle des druzes du Liban, est axée autour de l'idée de réincarnation. Où l'on retrouve des histoires proches de celles de Shanti Devi... Mais, contrairement aux Indiens, les druzes semblent savoir comment intégrer leurs « vies passées » au présent.

Née en Ohio, aux États-Unis, en août 1982, Rosette, d'origine libanaise, retourne à Beyrouth quatre ans plus tard. Dès son arrivée, elle énonce le souhait de rencontrer sa « famille précédente ». Elle prétend en effet être la réincarnation d'une jeune fille morte quelques années plus tôt, juste après son mariage. Elle décrit si précisément l'endroit que sa famille l'y conduit. Là, dans une maison dont ses parents ignorent tout, elle reconnaît sa robe de mariée et, selon les témoignages ultérieurs de sa « famille précédente », tous les objets ayant appartenu à la défunte. Cette histoire n'est pas rare chez les druzes. Fayad Bassem, un jeune cinéaste libanais originaire d'un village voisin de celui où s'est déroulée cette histoire, a présenté, lors de la IXe édition du Festival international du film documentaire de Marseille, *Vue sur les docs*, son film sur la réincarnation, *Al Takamos*, qu'il définit comme une recherche spirituelle. Apparu au Liban au début du XIe siècle, par la voix de Nachtakin Darazin, d'origine persane, lui-même porte-parole de « l'appel » d'un certain Hamza ben Ali, considéré comme le fondateur officiel, le druzisme est une sagesse qui prêche « la raison, la science, et la logique ». Autrefois réfugiées dans les montagnes pour échapper aux persécutions des musulmans et préserver leurs traditions, les communautés druzes ont fini par s'y établir définitivement.

Dans *Al Takamos*, Fayad Bassem expose divers regards contemporains sur cette « sagesse ». Ni religion ni idéologie, le druzisme échappe aux définitions sectaires.

Un intellectuel druze affirme que les druzes auraient passé un pacte dans lequel « ils rejetteraient toute adhésion à quelque religion que ce soit. » Identifiée à l'islam, qui a eu une certaine influence sur les druzes, mais dans lequel ils ne se reconnaissent pas vraiment, la philosophie druze compte très peu de préceptes et d'interdits. Un de ses rares points d'ancrage – si important qu'il régit la vie de ses communautés – est la croyance dans la réincarnation. L'institutionnalisation de cette croyance bouleverse tous les codes sociaux habituels, relativise jusqu'au temps et à l'espace, bouscule l'âge et les filiations. Son accès reste inaccessible aux non-initiés et aux non-druzes. Le documentaire de Fayad Bassem évoque un deuxième cas de réincarnation : celui d'un petit garçon qui se souvient de sa mort lors d'un combat, jeune homme. Comme Rosette, il a retrouvé le lieu de sa précédente incarnation et décrit à ses parents, dès son plus jeune âge, sa « famille d'avant », réclamant sans répit une visite à celle-ci, comme si elle lui était vitale. Le film nous montre l'enfant faisant le récit minutieux du moment de sa mort, jusqu'à décrire les armes qu'il avait alors en main. Un spécialiste explique la façon dont les circonstances d'une fin dramatique – noyade, meurtre, guerre, etc. – peuvent « s'imprimer dans une âme » et obliger celle-ci à venir se loger dans un autre corps. Les interprétations des intervenants du documentaire sont très variées. Pour le cheikh, la réincarnation sert essentiellement à légitimer un discours moralisateur sur le bien et le mal.

Une croyance qui structure toute la société

Moussa Prince, qui a déjà guidé des gens vers la découverte de leurs incarnations passées, se réfère aux « souvenirs de l'âme ». Selon la croyance druze, les âmes voyagent d'un corps humain à un autre – jamais dans un végétal, un animal ou un minéral. Mais l'aspect le plus troublant du film de Fayad Bassem nous dévoile les extraordinaires implications d'une telle croyance lorsqu'elle est partagée par les membres d'une communauté.

Chez les druzes, la croyance en la réincarnation influence l'ensemble des rapports sociaux, familiaux et même sentimentaux. En effet, les liens de sang ne sont pas considérés comme seuls fondateurs d'identité, et l'âge n'a plus qu'une importance relative. Les notions d'espace et de temps n'obéissent plus aux limites habituelles. Un individu peut appartenir à un lieu autre que celui de sa naissance physique, et entretenir des rapports – qui lui sont vitaux – avec des membres étrangers à sa famille d'origine. Le documentaire insiste sur l'urgence de la retrouvaille : une personne qui se souvient d'une existence antérieure ne peut vivre pleinement sa vie si elle n'a pas accès à ce lieu qui mobilise une partie de son être et le hante tant qu'elle ne l'a pas « revisité ». Des souvenirs, des images, des flashes viennent traverser la conscience des réincarnés, les appelant sans cesse vers d'autres lieux, d'autres rencontres, d'autres émotions. Ce télescopage de deux réalités bouscule l'existence du réincarné, être double, porteur d'une mémoire qui nourrit son présent. Comment cela est-il vécu ? C'est ce qu'a tenté d'exposer Fayad Bassem dans son documentaire, *Al Takamos*.

Nouvelles Clés : *Comment l'idée d'un film sur la réincarnation vous est-elle venue ?*
Fayad Bassem : J'ai réalisé *Al Takamos* en 1995, à une époque où j'étais en quête de mon identité religieuse. Je suis né druze, mais je ne connaissais rien à cette religion fermée, et je m'interrogeais sur la réincarnation, me demandant si ce phénomène existait vraiment. Car c'est un phénomène fréquent dans les communautés druzes. Nous avons même un enfant qui parle hindi ! Et dans ma famille, je connais très bien deux cas de réincarnés. Nous considérons ces derniers comme membres à la fois de leur famille actuelle et de leur famille précédente, et les deux familles entretiennent de bons rapports.

N. C. : *Dans le contexte de la guerre du Liban, la réincarnation n'a-t-elle pas une fonction de soutien psychologique ?*
F. B. : Oui, elle a toujours aidé. C'est sûrement pour cette raison que les druzes sont si courageux : ils sont convaincus qu'une autre vie les attend après la mort.

N. C. : *A-t-on forcément une autre vie ?*
F. B. : Oui ; mais seules quelques personnes s'en souviennent. Aujourd'hui encore, la plupart des jeunes druzes y croient. La guerre n'a rien changé, au contraire.

N. C. : *Vous m'avez dit que vous ne vous sentiez plus du tout religieux ?*
F. B. : Je suis devenu athée, ce qui est inconcevable chez les miens. À l'origine, pour être druze, on passait avec soi-même un pacte dans lequel on affirmait son appartenance à la communauté. Cela n'est plus possible à présent. On ne devient plus druze que par héritage, ce qui ne me semble pas juste. Le druzisme d'origine est une sagesse qui place l'homme et la pensée avant tout. Mais aujourd'hui, on en est loin. Ce film est avant tout une recherche personnelle, qui débute à l'époque où j'y croyais encore...

N. C. : *Comment avez-vous réussi à avoir accès à des enfants « réincarnés » ?*
F. B. : J'ai demandé au *muktar* (maire) de son village s'il avait des cas de réincarnation récente (à une demi-heure de Beyrouth, dans la campagne). Un non-druze n'aurait pas pu accéder à ces informations. À l'origine, n'importe qui pouvait devenir druze. C'était le souhait de Hamza ben Ali, qui n'a jamais interdit d'épouser un ou une druze. Mais les religieux ont décidé d'appliquer d'autres principes...

N. C. : *Il semblerait qu'il y ait deux courants de pensée, dont l'un considère les druzes comme des musulmans...*
F. B. : Il y a en effet un conflit entre les religieux, qui affirment l'appartenance des druzes à l'islam, et les scientifiques, qui la nient. C'est une question politique, car les druzes ont toujours été persécutés par les musulmans – Hamza ben Ali a été assassiné par eux. Aussi les druzes sont-ils réservés, fermés ; ils ont longtemps craint les musulmans. Ils n'en parlent pas, mais c'est encore le cas. Pour ma part, je suis druze, mais Libanais avant tout.

N. C. : *Votre documentaire ne montre que des réincarnés enfants ; et les adultes ?*
F. B. : On rencontre aussi des adultes reincarnés. Mais c'est enfant que survient le souvenir de la réincarnation.

N. C. : *Le souvenir de la réincarnation est-il lié à un drame ?*
F. B. : C'est l'explication de Moussa Prince, qui a écrit de nombreux livres sur le spiritisme et qui mentionne justement, dans mon film, le cas des noyés, ou des défigurés.

N. C. : *Qu'en pensent les autres Libanais ?*
F. B. : Il est rare qu'ils y croient. Khalil Gibran était l'un des seuls. Les chrétiens n'y adhèrent pas, et les musulmans proches de cette philosophie sont considérés comme des incroyants. Dans mon film, une citation dit au début : « Être druze, c'est avoir une approche rationnelle, scientifique et logique ». La base du druzisme consiste à douter de tout, à tout interroger, même Dieu : rien n'est cerné, il faut poser des questions, et établir ses propres conclusions. J'ai essayé d'en savoir plus, par moi-même. Mais pour cela, il fallait rejoindre le cercle des initiés, et j'ai abandonné cette idée...

N. C. : *Votre famille pratique-t-elle le druzisme ?*

Rûmi : « Nos vies sont des rêves »

Jalâud-Dîn Rûmi, le plus grand poète soufi (1207-1273), a rédigé une œuvre si importante qu'elle est parfois appelée « le Coran persan ». On y lit par exemple : « Si quelqu'un qui a vécu de nombreuses années dans une ville s'endort et voit dans son rêve une autre ville pleine de bien et de mal, sa propre ville disparaît de son esprit. Il ne se dit pas : "Voici une nouvelle ville ; je suis ici un étranger". Non, il pense dans son rêve qu'il a toujours vécu là, qu'il y est né et y a grandi. Qu'y a-t-il donc d'étonnant à ce que l'âme ne se rappelle pas son ancienne demeure et son lieu de naissance – puisqu'elle est enveloppée par le sommeil de ce monde, comme une étoile cachée par les nuages –, à plus forte raison lorsqu'elle a vécu dans de nombreuses villes et que la poussière qui obscurcit sa vision n'est pas encore balayée ? »

F. B. : Ma grand-mère est initiée. Quoique illettrée, elle fait partie du cercle des initiés – les « sages » – qui, dans leurs réunions, interprètent les sept livres. J'ai entr'aperçu un de ces livres, mais je n'ai pas eu le droit de le lire ! Ils ne sont ni imprimés ni en circulation. On ne peut les consulter que chez le cheikh, qui vous les recopie, à la main.

N. C. : *Comment les jeunes Libanais vivent-ils la religiosité ?*
F. B. : On compte dix-huit communautés religieuses au Liban. Les musulmans sont les plus religieux, les jeunes chrétiens, les moins pratiquants. Quant aux jeunes druzes, pour ceux qui ne font pas partie du cercle des sages – réunis une fois par semaine –, il n'y a pas grand-chose à pratiquer : ni jeûne, ni carême, ni prière. La réincarnation, oui, tout le monde y croit : parce que la démonstration en est tangible. Et quand un enfant commence à en parler, on l'encourage à se souvenir.

N. C. : *C'est à la mairie que sont enregistrés les réincarnés ?*
F. B. : La mairie, au Liban, est la maison du *muktar*. Et dans ces villages, le *muktar* connaît tout le monde... car on vient le voir pour établir les papiers d'identité.

N. C. : *Combien d'incarnations peut-on avoir ?*
F. B. : Plusieurs, à l'infini, jusqu'au stade de l'Esprit parfait. L'Esprit sait reconnaître le moment où il va atteindre sa dernière incarnation. On ne sait jamais où on en est du cycle des réincarnations.

N. C. : *S'est-il déjà produit qu'on retrouve son « mari d'avant » ?*
F. B. : Oui, mais celui-ci n'a pas de droit sur « sa femme », même si elle le reconnaît. Cela a déjà créé des problèmes, parce qu'on a vu des petites filles tomber amoureuses de leur « mari d'avant ». Car l'âge n'intervient plus dans les rapports sociaux. On peut retrouver sa « mère précédente » âgée de cinq ans, ou une « grand-mère précédente » de trois ans. Si un grand-père mort se réincarne en enfant, il lui sera difficile de s'exprimer de façon explicite. Il prouvera donc sa réincarnation par la reconnaissance d'objets lui ayant appartenu dans son incarnation antérieure.

N. C. : *Et vous, avez-vous découvert votre propre réincarnation ?*
F. B. : Non. Moussa Prince a déjà hypnotisé des gens pour leur faire retrouver leur réincarnation. Lui-même dit qu'il connaît cinq de ses vies précédentes. Mais chez les druzes, en principe, guider les autres vers la découverte de leurs réincarnations est interdit. Autrement dit, tous les druzes ne connaissent pas leur réincarnation, mais ce sujet trône au centre des discussions : dès qu'un

village prend connaissance d'un réincarné, tout le monde en parle.

N. C. : *Vous arrive-t-il d'en discutez avec vos proches ?*
F. B. : Plus tellement, parce que je doute. Je cherche des explications scientifiques. Je suis devenu athée. Or, je peux difficilement croire en la réincarnation, et pas en Dieu ! Car il s'agit d'une justice céleste : Dieu permet à l'homme de se réincarner pour se purifier. Nous, druzes, ne croyons pas à l'enfer et au paradis. Tout le monde peut accéder à l'Esprit parfait.

Pour tout renseignement sur le film :
Producteur IESAV, à Beyrouth.
Fax : 961 1 200 631

Les mondes intermédiaires de l'islam

RENCONTRE AVEC LE CHEICKH BENTOUNÈS,
PAR BRUNO SOLT

Aucun homme ne pourrait supporter cette vie s'il savait ce qui se trouve encore devant lui. AUGUST STRINDBERG

Un maître décédé peut, par sa baraka, influencer certains enfants.
CHEIKH BENTOUNÈS

Et que dit l'islam ? Selon le cheikh Bentounès, qui dirige une importante confrérie soufie en Algérie et en France, la religion du Prophète Mohammed laisse la question de la réincarnation en suspens. Non par négligence, mais parce que l'essentiel échappe à l'éventuelle succession des vies : tout se joue à l'instant de mourir, c'est-à-dire au moment de voir l'Éternel. À cet instant-là, le cheikh estime négatif de dire au mourant : « Tu vas te réincarner ! »

Nouvelles Clés : *Comment le thème de la réincarnation est-il perçu dans l'islam ?*
Cheikh Bentounès : L'islam laisse la question de la réincarnation (telle qu'en parle l'hindouisme ou le bouddhisme) en suspens. Dans toute la tradition islamique, je n'ai jamais vu traiter la réincarnation, comme je n'ai jamais entendu dire qu'elle n'existe pas. Le débat reste ouvert ! Le Coran indique que nos origines inférieures sont matérielles, qu'il s'agisse du minéral, du végétal ou de l'animal. Au moment de la mort, tous les constituants du corps reviennent à leur origine.
À partir de là, pourquoi ne pas admettre une éventuelle réincarnation d'une partie de notre corps ? Si l'on se réfère au cycle de la vie : nous enterrons des morts dont la terre se nourrit, qui elle-même nourrit des plantes pour nourrir des animaux afin de nourrir des hommes. Rien ne se perd, rien ne se gagne, tout se transforme. En réalité, ce processus s'attache uniquement à la nature du corps physique, car celle de l'esprit est totalement libre. L'esprit habite le corps et, le jour où celui-ci ne remplit plus sa fonction, il le quitte et retourne vers son origine. Et Dieu est le plus savant. Cela dit, chaque tradition spirituelle interpelle et invite l'homme à être meilleur dans sa vie temporelle de sa naissance jusqu'à sa mort, le seul but étant qu'il se libère, qu'il découvre et réalise son essence spirituelle qui fait de lui un Homme.

N. C. : *Même si l'islam n'évoque pas le thème de la réincarnation, aussi bien dans le Coran que dans les textes des grands mystiques musulmans, c'est un concept qui n'est pas dénué de fondement...*
Cheikh B. : Lorsqu'on évoque la réincarnation, de quoi s'agit-il ? Est-ce le retour de l'âme du défunt dans un corps humain, animal, ou végétal ? Chaque tradition religieuse ou spirituelle présente un point de vue qui

n'engage qu'elle. Certaines l'envisagent comme une idée fondamentale et incontournable ; d'autres, au contraire, délaissent ce thème. Dans la tradition soufie, ce retour de l'âme dans une enveloppe charnelle n'est pas évoqué. Il existe une vie après la mort, mais la réincarnation n'existe pas.

N. C. : *Omar Khayyam, grand poète soufi, a écrit : « J'ai envoyé mon âme dans l'invisible pour qu'elle m'épelle certaines lettres de l'au-delà ; et mon âme après bien des jours est revenue, disant : Voilà, je suis moi-même le Ciel et l'Enfer. » Comment est-elle envisagée, cette vie après la mort ?*

Cheikh B. : Il est dit qu'après la mort l'âme séjournera un certain temps dans le *barzakh*, le monde intermédiaire. Là, notre âme se libère de tout aspect négatif reçu dans cette vie, car nous ne pouvons accéder au monde supérieur qu'en tant que conscience pure. C'est à ce stade qu'interviennent les notions symboliques de paradis et d'enfer, qui sont en vérité des étapes pour accéder à la Réalité ultime. Seulement l'une, le paradis, s'accomplit par le haut, c'est-à-dire que les âmes de ceux qui ont eu une vie droite, honorable et vertueuse accompliront dans le paradis la distance qui les sépare de la réalisation totale, celle de contempler Sa face. L'autre, l'enfer, s'accomplit vers le bas ; elle concerne les âmes qui en cette vie terrestre auront vécu dans l'oubli de Dieu et dans la jouissance effrénée des sens, au détriment de l'esprit qui les anime. C'est par le feu purificateur que ces âmes réaliseront qu'« il n'y a de dieu que Dieu ». Malgré tout, d'après l'expérience et les paroles des grands sages, il est dit que l'enfer est un salut autant que le paradis. Nous retrouvons cette idée dans cette parole du Prophète : « Les gens du paradis se lamentent autant que ceux de l'enfer ». Cela semble exprimer que l'âme éprouve autant la souffrance d'être séparée de Lui, qu'elle séjourne au paradis ou en enfer. Cela semble signifier que le paradis reste encore une étape et une limitation si l'âme n'a pas retrouvé le Divin, l'Absolu. Dans l'esprit de nombreuses personnes, l'enfer est terrifiant, mais il n'existe en fait que pour purifier et expurger les pensées négatives qui encombrent l'âme. En réalité, ces deux étapes ne sont qu'une immense miséricorde du Créateur pour ses créatures.

Si je prends l'exemple d'un fœtus qui vit parfaitement dans son monde et que je lui explique qu'il va en sortir et voir le soleil, la mer, les animaux... il lui est impossible d'appréhender cette dimension. À partir de cet exemple, imaginez notre situation avant de mourir. N'est-elle pas identique à celle du fœtus dans le sein de sa mère ? Comment trouver le langage approprié pour décrire, sans le trahir, cet au-delà qui demeure pour nous un mystère? C'est pour cette raison que les traditions spirituelles l'évoquent en s'aidant d'images et de symboles.

Les gens d'ici-bas prient intensément pour le défunt afin de lui envoyer beaucoup d'énergies et de pensées positives. L'apitoiement, la tristesse et toutes formes de pensées parasites sont inutiles et contraires à l'attitude du croyant. Si un membre de la famille est triste, il est important qu'il laisse éclater sa peine afin qu'elle s'évacue et se dissipe. Une fois que le mort est enterré, on cesse de pleurer son absence. Il faut permettre à l'âme de passer dans l'autre monde sans le moindre regret. S'il y a acceptation de la mort par la famille, celle-ci viendra s'ajouter à celle du défunt, facilitant ainsi grandement son voyage.

Penser à l'impermanence, à la mort, agit comme un baromètre qui nous indique la précarité de ce que nous croyons être. Nous prenons conscience que nous sommes limités, éphémères, et surtout que le temps est précieux, car un jour, un mois, une année passés ne reviennent jamais. C'est une évidence qui peut sembler banale, mais si on la médite elle donne le vertige. Habituellement, nous sommes tellement occupés à virevolter dans des préoccupations futiles dont nous sommes esclaves ! Que nous soyons riche, pauvre, puissant, faible... 90 %, pour ne pas dire 100 %, de notre énergie est consacrée à des choses qui s'anéantiront avec nous. Une phrase du Prophète exprime parfaitement cette prise de conscience de l'impermanence : « Vis dans cette vie comme si tu vivais éternellement, et travaille en même temps pour l'autre vie comme si tu allais mourir demain. »

N. C. : *Le Prophète Mohammed énonce trois éléments qui vont aider le défunt à cheminer dans l'au-delà et poursuivre son expérience de réalisation...*
Cheikh B. : Il les mentionne par degrés. Il y a d'abord celui qui aura accompli ou légué en héritage des actions de biens qui permettront à ceux qui restent sur terre de mieux vivre (œuvre caritative, don pour construire un hôpital...). Si le premier degré se situe au niveau monétaire, le second concerne le savoir : c'est celui du savant, du chercheur qui par sa découverte fondamentale améliore les conditions de vie de ses semblables. Tant que cet apport se perpétuera sur terre après sa mort, ceci l'aidera à cheminer et à se réaliser dans l'autre monde. Si les deux premières conditions sont rares, la troisième est accessible à chacun d'entre nous, car il s'agit d'avoir des enfants pieux, éduqués dans la droiture. Ces enfants sont considérés comme une partie de nous-mêmes. S'ils ont été élevés dans la droiture, la piété et la tolérance, leurs actions seront bénéfiques au défunt. Il n'y a donc pas de réincarnation, mais une interaction positive entre les deux mondes.

N. C. : *Sur le plan biologique, depuis Linné ou Darwin, on évoque l'évolution de l'espèce, pourquoi n'en serait-il pas de même en ce qui concerne le plan spirituel...*

Cheikh B. : Peut-être notre condition d'humain veut-elle que nous soyons l'héritage des générations qui nous ont précédés. Ou peut-être découvrirons-nous un jour dans nos gènes un principe où se trouve codé tout ce que nos ancêtres ont pu vivre, sentir, réaliser, aussi bien dans le sens du bien que dans celui du mal. Quand on évoque la réincarnation, il existe un mystère beaucoup plus vaste. Selon la tradition soufie, chacun d'entre nous contient tous les noms, tous les attributs divins. Pour qu'un être se réalise, il doit passer par tous les états, sinon son expérience sur terre demeurera inachevée. Tout doit être éclairci, sinon la peur de l'inconnu demeure. Il est clair que nous ne pouvons parler de la souffrance ou de la joie que dans la mesure où nous les avons vécues, le reste n'est que palabres. L'être est un laboratoire vivant dans lequel il est à la fois le cobaye et l'expérimentateur. C'est au moment de vivre ces peurs intenses que le disciple prend conscience du fondement de la pratique et de ses repères. Dans ces instants exceptionnels, heureusement qu'il existe cette immense miséricorde divine à laquelle il peut se rattacher. Le Prophète a dit : « Les gens dorment. Une fois morts, ils s'éveillent. » La réalisation n'est pas conditionnée par nos règles de morale et nos systèmes de valeur. Elle se réfère avant tout à la condition adamique, à la véritable nature primordiale de l'être. Des notions qui échappent à notre entendement puisque nous sommes situés dans l'espace-temps et le rationnel. Ceci ne peut être appréhendé que lorsqu'on s'extrait de l'enveloppe physique. L'être charnel disparaît, l'être universel demeure.

N. C. : *Justement, pour certains, c'est là qu'intervient le processus de la réincarnation. Pour révéler cette véritable dimen-*

sion originelle, l'âme n'a-t-elle pas besoin d'effectuer plusieurs séjours terrestres afin de retrouver cet état originel ?

Cheikh B. : En simplifiant, on peut le comprendre ainsi, mais cela reste une construction mentale, d'où sa faiblesse. Les traditions religieuses, spirituelles, nous invitent à une éducation d'éveil et offrent des moyens pédagogiques concrets pour la réaliser. Dans ce mystère que sont la vie et la mort, si le bouddhisme ou l'hindouisme évoquent la réincarnation, contrairement à l'islam, c'est pour amener l'adepte à une certaine compréhension de lui-même. Si c'est une aide, tant mieux, mais cette idée de la réincarnation est une conception parmi tant d'autres ! Si nous ramenons la réincarnation à des idées simplistes – telle que celle d'évoquer l'infirmité de quelqu'un comme étant son karma, le résultat d'une mauvaise action dans une vie passée –, je crois que nous nous trompons. Personne ne peut prétendre affirmer de façon claire, physique, mathématique que la réincarnation existe selon ce principe. Les traditions et les civilisations ont toutes essayé de cerner, chacune à sa façon, la question majeure de l'homme et de son devenir. Je pense qu'il faut laisser les gens libres de choisir ce qui leur convient. Pour certains, la mort est une libération et s'y préparer, c'est préparer l'autre vie, l'instant ultime de la rencontre avec l'Absolu. Toute l'énergie du mourant, toute sa force, toute sa conscience doivent être dirigées vers ce moment ultime qui représente pour lui la libération. Personnellement, je ne lui dirais pas : « Non ! Non ! Vous allez vous réincarner », alors que le mourant doit concentrer toute sa force spirituelle en vue de la rencontre avec l'au-delà.

N. C. : *Comment expliquez-vous que dans le bouddhisme tibétain, pour reconnaître qu'il s'agit bien de la réincarnation d'un grand lama ou d'un maître spirituel, on présente* *à un enfant différents objets supposés lui avoir appartenu dans sa vie précédente et qu'il reconnaisse et saisisse sans se tromper celui lui ayant appartenu ?*

Cheikh B. : D'abord je ne remettrai pas en question les propos des maîtres tibétains reconnus pour leurs hauts degrés de sagesse, de bonté et de réalisation spirituelle. Mais essayons de comprendre à notre niveau. Je dis qu'un maître décédé peut par son influence spirituelle mettre sa baraka, s'il le désire, auprès de certains enfants. Dans la tradition soufie, des personnes peuvent aussi être touchées, lors d'un songe, par l'influence spirituelle d'un maître décédé. Il y a aussi ceux qui ont oublié leur ascendance, qui n'ont plus aucune attache depuis trois ou quatre générations et voient un aïeul lors d'un rêve qui leur transmet un message spirituel : un mot, une phrase... Le monde des vivants se reflète dans le monde des morts et celui des morts dans celui des vivants. Le vivant ne meurt pas, il revient comme le fruit sur l'arbre. Le Vivant reste vivant. « Ne cherchez pas le Vivant parmi les morts », a dit le Christ. Et pour le Coran : « Nous sommes à Dieu et vers Lui est le retour. »

Pour les initiés de la voie ésotérique de l'Islam : le soufisme, il y a deux sortes de mort. La mort naturelle et inévitable de chaque être humain et la mort volontaire de notre individualité, notre ego (an-nafs). Comme nous l'enseigne le Prophète Mohammed « vous mourrez avant de mourir ». Je suppose que dans les enseignements du Bouddha comme dans celui des grads maîtres spirituels des autres traditions existent l'allusion à cette seconde mort. Elle signifie pour les soufis la réalisation en ce monde de l'état primordial. Car il s'agit pour ce mort-ressucité de l'anéantissement du moi (fanâ), de la forme, de l'accident, pour renaître dans le Soi (al-huwiya), l'unique réalité essentielle et permanente. Car pour celui qui subit cette mort, le multiple est Un en raison de son unité essentielle (al-ahadiyah) et l'Un est multiple en raison de la pluralité des relations et des aspects émanant de Dieu (al wahidiyah). Essence et substance ne disparaissent jamais. La création est en perpétuel renouvellement à travers différentes formes qui ne sont elles mêmes que des accidents contingents et transitoires.

À lire :
Le Soufisme, cœur de l'islam, éd. La Table Ronde, 1996.
L'Homme intérieur du Coran, éd. Albin Michel, 1998.

Particularismes et universalité de la croyance dans l'éternel retour

PAR MÉLIK NGÉDAR

Un jour l'âme rêve et, d'animal, devient un humain.
TRADITION ZOULOU

Afrique, Amérique, Océanie... partout, les cultures humaines ont fait de la réincarnation une évidence première de leurs croyances eschatologiques. Avec des répercussions notoires sur leur vie quotidienne.

Dans beaucoup de cultures tropicales, la croyance en la réincarnation est profondément enracinée. En Afrique par exemple, le retour de l'âme dans un corps physique est généralement perçu avec bonheur. « L'idée que le nombre de réincarnations puisse être limité ou que l'on puisse désirer mettre fin à l'éternel retour semble peu répandue en Afrique », note l'ethnologue E.G. Parrinder, selon qui, pour beaucoup d'Africains, un ancêtre peut se réincarner dans sa propre famille. À la naissance d'un enfant, un devin compétent se doit de savoir deviner s'il s'agit d'un retour ou d'une âme neuve. Faire beaucoup d'enfants constitue de toute façon une politesse transgénérationnelle élémentaire : il s'agit de permettre à l'éventuel ancêtre désireux de le faire, de pouvoir trouver sans trop de difficulté un utérus accueillant dans sa tribu.

Quand, par exemple, un tel événement se produit chez les Yorubas et dans toutes les tribus parlant l'edo, on appellera volontiers le garçon nouveau-né Babatundé (« Père est revenu ») et la fille Yetundé (« Mère est revenue »). De même, au Ghana, le prénom Ababio signifie : « Il est revenu ».

Cependant, chez les Zoulous d'Afrique du Sud, les *isanusi* (« hommes sages ») rapportent des expériences et une conception de la réincarnation qui ressemblent davantage à celles des Asiatiques.

Chez eux, l'éveil connaît sept étapes conduisant de l'Apprenti à l'Homme parfait. Pour ce dernier, le cycle des renaissances est terminé, et s'il revient vivre sous une forme physique, c'est que tel a été son souhait. Notons que ces « hommes sages » disent descendre des Égyptiens de l'Antiquité.

Le Livre égyptien des morts

Hérodote, Platon, Plutarque et de nombreux auteurs grecs antiques affirment que les Égyptiens croient tous à la réincarnation. Certains égyptologues contesteront cette généralisation, attribuant cette croyance aux Perses arrivés sur le tard. Il n'empêche qu'on la retrouve dans les plus anciennes pages du fameux *Livre des morts* et que les noms de plusieurs pharaons s'y réfèrent directement : Amonemhat, par exemple, signifie « L'être aux naissances répétées » et Setekhy (*sic*), « Le producteur de renaissances ». Pour les Égyptiens, non seulement l'âme meurt et renaît plusieurs fois, mais elle le fait depuis la nuit des temps dans toutes sortes de mondes, la terre n'étant qu'un lieu de passage parmi d'autres. La légende des « sept vies du chat » vient bien sûr d'Égypte. Ce chiffre est multiplié par un facteur colossal pour les humains si l'on se réfère à cet échange extrait du *Livre des Morts* :

Osiris – « Combien de temps ai-je à vivre ? » Le dieu Thot – « Des millions et des millions d'années ! »

Chez les Précolombiens

« La doctrine réincarnationniste fut l'une des convictions les plus prondément enracinées et largement répandues dans l'Amérique précolombienne, en particulier parmi les tribus de l'Est des États-Unis », écrit le professeur de religions comparées Daniel Brinton, dont les travaux datent du début du siècle. À cette doctrine correspondaient différents rites funéraires et des théories sophistiquées concernant la « vie future ». Selon l'Ohiyesa Charles Eastman : « Beaucoup d'Indiens croient être déjà nés plusieurs fois et certains déclarent même se souvenir complètement d'une incarnation précédente. » Les Lenape du Delaware et du New Jersey disent ainsi que « ceux dont le cœur est pur peuvent se rappeler leurs incarnations passées ».

Le chercheur Ernest Thomson Seton rapporte que « les Pueblos et diverses autres tribus restent étrangement indifférents à ce que devient le corps après la mort. Ils le considèrent comme une simple enveloppe, un étui vide, dont on ne s'occupe que pour le confort de ceux qui survivent. L'âme qui s'en est échappée, elle, retrouvera la vie à nouveau et se construira un corps neuf meilleur. »

Dans toute l'Océanie

Quant aux différents peuples d'Australie et d'Océanie, la réincarnation semble commune à la plupart de leurs religions. Cela poussa la fameuse ethnologue Margaret Mead dans des raisonnements complexes et passionnants, comme dans le passage suivant : « Si la réincarnation semble un facteur positif, je peux me pencher sur les cultures qui manifestent une telle croyance et me dire : “Il sera certainement intéressant de voir quelle est la relation entre l'être qu'on est au moment de la naissance et celui qu'on est devenu lorsque l'on meurt.” Ceci nous conduit à établir une comparaison entre les Eskimos et les Balinais qui, également, croient en la réincarnation. Chez ces deux populations, on traite les enfants comme s'ils avaient des dons prophétiques dès la naissance et ils apprennent très jeunes à accomplir des tâches complexes. Je peux alors me poser une autre question : “Se pourrait-il que la relation qui existe entre apprentissage et théorie de la naissance et de l'immortalité constitue un facteur clé ?”, et comparer ensuite l'attitude des Balinais (pour qui l'individu se réincarne toujours dans la même famille, si bien que le cycle de vie ne fait que boucler simplement une suite infinie de cercles entre ce monde et l'autre) et celle des Manus (pour qui l'être humain est originellement créé [...] pour atteindre sa puissance à la maturité, survivre ensuite pendant une période relativement brève sous la forme d'un fantôme assez dense, et dériver finalement vers des niveaux de plus en plus bas, sous la forme de vers et de vase de mer).

« [Il se trouve que] les Balinais croient que l'on peut apprendre à n'importe quel âge – les plus jeunes et les plus âgés apprennent avec relativement peu d'efforts, et leur beauté se prolonge jusqu'à un âge fort avancé –, alors que chez les Manus on devient un vieillard à quarante ans. Il existe peut-être ici une relation [entre croyance en la réincarnation et cycle de vie] qu'il serait utile d'explorer un peu plus. »

À lire :
***Le Livre de la réincarnation*, Joseph Head, S.L. Cranston, éd. Christian de Bartillat.**

Ces psychothérapeutes qui font régresser leurs patients en vies antérieures

PAR SYLVAIN MICHELET

Tu n'es simplement qu'un nouveau chapeau
et une nouvelle robe dont Ève se revêt.
GEORGE BERNARD SHAW

Après lui avoir, pendant des siècles, donné un tour exotique, souvent dérisoire (« Ces hindous qui voient leurs ancêtres réincarnés en vaches sacrées ! »), les Occidentaux voient revenir la transmigration des âmes par la porte des psychothérapies. Ainsi Chantal et Gilles Guattari ont-ils découvert comment la « régression en vie antérieure » peut s'avérer éclairante et bénéfique. Ils en sont devenus des spécialistes.

Pour Chantal et Gilles Guattari, la régression dans les vies antérieures est un outil thérapeutique comme un autre, servant à dégager l'individu du non-sens qui alimente son mal-être (« Pourquoi moi ? Pourquoi cette maladie ? »). Cette méthode s'adapte à tous les systèmes de croyance, parle aux convaincus de tous bords, aux sceptiques comme aux simples curieux. Leurs formations professionnelles : lui, psychologue dans un centre pilote pour enfants ; elle, psychologue d'entreprise. Chacun de son côté, ils ont découvert l'hypnose « post-eriksonienne », bannie de France mais utilisée par beaucoup de psy américains. Formés ensuite aux techniques de rêve éveillé, les Guattari sont devenus accompagnateurs et aident certains de leurs patients à « se souvenir ». Il s'en faut de beaucoup que tous basculent. Lors d'une première séance, 60 % des gens ne connaissent pas cette expérience. Une bonne minorité restera réfractaire jusqu'au bout. Comme dans toute thérapie fondée sur une modification de l'état de conscience, le « truc » consiste à se laisser aller, à se relaxer et à s'ouvrir aux suggestions de l'accompagnateur. Bien que celles-ci soient peu directives, il se pourrait qu'elles induisent les « souvenirs » des patients... Rappelons que, pour la plupart des neurologues, aucune des études menées à ce jour, notamment sur l'hypnose, n'a réussi à mesurer une onde cérébrale différente de celles associées à la veille, au sommeil, au rêve ou à l'approche de la mort. L'expression « état de conscience modifié » ne saurait donc se justifier pour eux, et tout ceci relève de la pure suggestion (de fait, 10 % seulement des psychiatres français utilisent occasionnellement l'hypnose, contre 60 % aux USA). Les « souvenirs de vie antérieure » relèveraient donc de la pure suggestion ?

Nos praticiens n'en ont cure : la suggestion est à leurs yeux une source, qui ne saurait expliquer à elle seule

Freud : comment sont nées ces mythologies

Lorsque l'homme primitif assistait à la mort d'une personne proche [...], dans sa douleur, force lui était d'apprendre que l'on peut mourir aussi, et son être tout entier se révoltait contre cette évidence [...]. Alors, il s'inventa un compromis ; il admit le fait de sa propre mort, mais il réfuta que cela signifiât l'annihilation [...]. Il s'appuya sur son souvenir persistant du mort pour échafauder l'hypothèse d'autres formes d'existence, et c'est de ce souvenir qu'il tira la conception d'une vie se poursuivant après la mort apparente. [...] Après cela, il fut tout naturel de faire remonter la vie dans le passé, de former la notion d'existences antérieures, celle de la transmigration des âmes et de la réincarnation, toutes ayant pour but de priver la mort de sa signification comme fin de la vie [...]. Ce n'est que plus tard que les religions ont réussi à représenter l'après-vie comme l'aspect le plus désirable et seul digne d'intérêt.

Freud : *Pensées pour temps de guerre et de paix* (1914-1918), cité dans Joseph Head & S.L. Cranston : *Le Livre de la réincarnation* (1977), éd. Christian de Bartillat, 1991.

l'intensité, la pertinence et les péripéties du scénario qu'elle aide à dérouler. Et moins encore l'impact que l'expérience provoque et la transformation durable qui s'ensuit. Car, dans de nombreux cas, la thérapie par régression est efficace. Elle répond au sentiment d'injustice que provoque le mal-être, par la découverte soudaine d'une « cause » aisément identifiée car émotionnellement revécue. « Pour peu que l'on résiste à la recherche de culpabilité, inopérante en pareil cas, cette découverte conduit surtout à comprendre ce que l'on est venu expérimenter dans le présent programme de vie », affirme Gilles Guattari, acceptant la comparaison avec la « légende personnelle » de Paulo Coelho.

Les scénarios qui les ont guéris

Témoignages recueillis par Martine Castello

Derrière la femme battue, un séducteur

En 1992 Jacqueline sort d'une dépression nerveuse. Ce ne sont pas les élèves qui fatiguent ce professeur de français, mais sa vie personnelle. Elle s'est toujours placée en victime des hommes qu'elle aimait et sa vie affective va d'échec en échec. À cela sont venues s'ajouter des difficultés matérielles, car elle dépense à tort et à travers et accumule les dettes.
Au fil des années, le mal-être s'est inscrit dans son corps. Malgré un cœur en parfait état, elle souffre de crises de tachycardie, de phlébite et d'un important excès de poids.
état de conscience modifiée, elle va revivre des vies de femmes, toutes marquées par la souffrance : elle se voit esclave, femme battue, victime d'un viol. Elle « comprend » enfin pourquoi elle se méfie toujours des hommes.
Mais, pour dissoudre la racine de ses problèmes, il lui faudra franchir d'autres blocages. Finalement, une nouvelle régression la transforme en homme, un séducteur avare qui à son tour maltraite les femmes. « J'ai donc fait des vies de compensation depuis », explique Jacqueline. L'émergence de ce scénario a changé sa réalité d'aujourd'hui : elle lui a permis de sauver son couple et de changer son attitude face à l'argent. Son corps aussi s'est rééquilibré, elle a perdu seize kilos et ses troubles cardiaques ont disparu. Jacqueline a repris le chemin de l'école et son enseignement s'est enrichi. « Lorsque je fais mes cours, précise-t-elle, je ne vois plus des élèves mais des êtres humains. »

Un thérapeute trouve sa voie

Nicolas est un jeune thérapeute ostéopathe hyperactif. Il accumule les rendez-vous et son cabinet ne désemplit pas. Sans en avoir pris conscience, il fuit dans le travail un mal-être profond qui se traduit par des disputes dans son couple et par un sentiment permanent de n'être pas dans sa « trame de vie ». Au hasard d'une soirée chez des amis thérapeutes, Nicolas se prête au jeu de la régression dans les vies antérieures. À sa grande surprise, il « part » immédiatement, se retrouve en Égypte antique, occupé à procéder sur des malades à des

soins auxquels il ne comprend pas grand-chose. Ce voyage lui laisse pourtant une telle impression qu'il décide d'aller plus loin. Il commence une thérapie. Au fil des séances défilent des vies de chamans, de prêtres, de guérisseurs, et à chaque fois, explique Nicolas, « je reviens avec une connaissance intuitive des êtres et des choses qui augmente mes facultés de perception ». Ses impressions se traduisent concrètement dans son travail par la sensation d'un lien permanent avec d'autres niveaux de connaissance. Comme s'il s'était relié, au cours de ses régressions, à un fil de savoir ancestral qui lui permet d'être plus efficace pour aider les gens.
Il a acquis la certitude qu'il était à sa place dans son métier et ce travail sur soi lui a permis de prendre conscience qu'il trichait dans son couple. « J'ai lâché mes peurs et trouvé le courage de divorcer », résume-t-il pudiquement.

Un prince égyptien condamné à la passivité
Alain a 15 ans quand son père tue sa mère devant lui, au cours d'une scène de ménage. Au choc vient s'associer la culpabilité de n'avoir rien tenté pour la sauver. Depuis, sa vie oscille entre révolte et profonde dépression, entre délinquance et assistanat. Des années de psychothérapie n'ont apporté aucun résultat. Lors de sa première régression réussie, il se retrouve au Moyen Âge, il voit sa mère se faire violer puis tuer par un barbare qui n'est autre que son père actuel. Lui se terre, caché sous un lit, sans intervenir. Devenu soldat, il meurt peu après, avec une terrible culpabilité. Cette histoire lui permet d'accepter l'idée qu'il a choisi de répéter l'expérience pour évoluer. Mais encore une fois, il n'a rien fait pour défendre sa mère. Pour comprendre pourquoi, il lui faudra faire une autre régression.
Il se retrouve en Égypte, jeune homme de la noblesse. Son père actuel joue ici le rôle de son frère cadet, sa mère celui d'une femme très riche qu'il veut conquérir par un exploit, une attaque de village à laquelle son frère est opposé. Au cours de l'attaque, lui et son frère sont tués. Il meurt convaincu que ses folies sont responsables du drame. Depuis, pour rééquilibrer, il a pris dans ses autres vies le rôle de témoin impuissant. Ces multiples scénarios rendent la projection œdipienne évidente à l'analyste. Depuis, Alain a trouvé des raisons pour admettre sa lâcheté et pardonner à son père. Il a trouvé du travail et changé sa vie.

On comprend mieux, dès lors, les raisons du succès : qu'elle soit considérée comme une projection de l'inconscient ou comme une preuve de la survie de l'âme, l'expérience ouvre, par la richesse de son vécu, à une nouvelle « mémoire » immédiatement intégrable dans tout système de valeurs. Une chance pour tous ceux qui n'ont jamais trouvé, par thérapie classique, une source enfantine à leur malaise et à leur sentiment d'injustice. Au thérapeute et au patient de tisser les fils qui relient l'expérience au présent, pendant ou après le voyage.

Une typologie des archétypes

Dans cette recherche apparaissent parfois de grandes figures historiques d'ordre archétypal, comme Napoléon, Jésus, Jeanne d'Arc ou Judas. « L'archétype signale une charge émotionnelle trop lourde pour être revécue telle quelle », explique Chantal Guattari. Ainsi, après avoir revécu l'existence de Judas, sa patiente Colette lui avoua avoir l'impression qu'il ne s'agissait pas vraiment d'elle.

À la séance suivante, elle se découvrit une vie de juge, traître à ses convictions par ambition personnelle. Mais, parce que le condamné était l'un de ses enfants actuels avec lequel elle connaissait des difficultés, il avait fallu qu'elle passe par l'archétype du dénonciateur de Jésus, l'être pour elle le plus merveilleux. La figure de Napoléon cachera ainsi une vie riche en pouvoir mais achevée dans l'échec ; Moïse, celle d'un guide qui aide mais n'est pas reconnu ; Jeanne d'Arc, celle du combattant qui s'enferme dans l'intransigeante pureté de ses vues... Presque toujours, l'existence rapportée n'aura pas l'intensité, la précision et la richesse de détails qui caractérisent les expériences plus anonymes, mais plus

« individuelles ». Dans une conception de la psyché finalement assez proche de celle de Jung (la conscience supérieure n'étant autre que le Soi) se dessine l'amorce d'une nouvelle topique de la mémoire. À la mémoire personnelle, dont Freud a montré la logique et la trame, à celle, collective, peuplée d'archétypes jungiens, les Guattari et les collègues de leur groupe de recherche ajoutent une mémoire universelle. Relevant des invariants qui surgissent de cette mémoire quelles que soient les croyances ou l'origine culturelle, ils proposent par exemple une division en trois types des mémoires négatives :

– la mémoire de peur s'inscrit lorsqu'au cours d'une vie on a échoué et souffert d'une fin pénible ;
– la mémoire de colère habite les gens morts dans une situation de fragmentation, de jugement, avec une charge émotionnelle très lourde ;
– enfin, la mémoire de culpabilité regroupe, à des degrés divers, tous ceux qui ne sont pas satisfaits de ce qu'ils ont fait.

Ces précisions débouchent, quoique encore prudemment, sur une sorte de cartographie des pathologies. Spontanément, certaines apportent un éveil, ou une épuration, mais d'autres ne servent aux gens qu'à se punir d'être en vie. Chaque fois que cette prise de conscience se fait, un rééquilibrage apparaît. Il est souvent physique, car la mémoire est aussi corporelle. Ainsi, s'il ne paraît pas extraordinaire qu'un asthmatique ramène une vie tragiquement achevée dans une chambre à gaz, l'arrêt définitif des crises après la régression apporte au patient, une touche d'évidence qui lui tient lieu de preuve. Des constantes existent : les malades du cholestérol ou d'ulcères ramènent en général des problématiques de colère ; les cancers du sein signalent des culpabilités liées à des pertes d'enfant ; les personnes nées par césarienne témoignent souvent de n'avoir pas voulu venir. Mais les généralités s'arrêtent là, car l'expérience en elle-même, et plus encore l'élaboration qui en est faite ensuite, illustrent vite la richesse complexe de l'individu.

L'être se révèle ici considérablement agrandi, riche de mille facettes dessinées par ses « vies ».

À lire :
***Le Dictionnaire des symboles*, 4 tomes,**
Georges Romey, éd. Albin Michel.

Comment pacifier le torrent émotionnel qui relie nos vies entre elles

La méthode du lying

ENTRETIEN AVEC DENISE DESJARDINS,
PAR BRUNO SOLT

La vie de l'esprit est constituée par un cycle d'incarnations, lesquelles, vues sous un certain angle, existent toujours côte à côte. HEGEL

Contre vents et marées, et bien avant la mode du karma et de la réincarnation étalés sur fond de publicités débilitantes, Denise Desjardins fut l'une des premières en Occident à proposer un travail sur cette mémoire des vies dites antérieures. Et si l'émergence de ces souvenirs d'outre-corps n'avait en vérité qu'une seule fonction : celle d'apprendre à mieux nous connaître pour mieux nous ancrer dans la réalité ? La seule, celle de l'instant.

En lisant les deux ouvrages de Denise Desjardins : *De naissance en naissance* ou *La Mémoire des vies antérieures*, on ne peut que s'interroger. Que de souffrances, d'événements curieux dans ces « contes des mille et une vies ». Autant d'histoires dignes de l'imagination la plus débridée d'un romancier. Fantasmes ? Épisodes imaginaires ? Scènes puisées dans le vaste réceptacle de l'inconscient collectif ? Réalité dépassant les confins de l'espace-temps habituel ? Comment la méthode du lying, inspirée par d'anciennes traditions, aide-t-elle à tirer tout cela au clair ?

Nouvelles Clés : *Qu'est-ce qui a motivé le travail que vous proposez depuis vingt ans ?*
Denise Desjardins : Lorsque j'ai publié mon premier livre *De naissance en naissance*, les renaissances et les vies antérieures étaient un thème qui prêtait à sourire, voire un sujet tabou. Je ne tiens pas à prouver l'existence des vies antérieures, je laisse ce soin au professeur Ian Stevenson. Pourtant, je dois vous avouer que moi aussi j'ai douté. Rien dans mon existence, dans ma tradition d'Européenne ou dans mes études ne me préparait à « croire » aux vies antérieures. Étrangement pourtant, quand je suis arrivée en Inde, cette question me préoccupait déjà, je l'ai posée à beaucoup de pandits, à plusieurs grands maîtres spirituels, en particulier à Swâmi Ramdas [1]. Question que je formulais ainsi : « Si le corps physique n'est que poussière, si l'*âtman* (le Soi, l'essence de l'être) est totalement intouché, éternel, sans changement, au-delà de toutes les formes et des catégories mentales, et si, comme vous le dites, cet ego et ce mental n'ont pas d'existence réelle, qu'est-ce donc qui se réincarne ? » Il m'a répondu en substance que, sur le plan de l'absolu, il n'y avait pas de renaissance, mais seulement sur le plan relatif du mental. Swâmi Prajnânpad [2] me l'a

dit également en ces termes : « Il y a d'innombrables naissances et morts, mais il n'y a personne qui meurt ou qui naît. » Sur le plan de la plus haute réalité n'existe que l'Un sans second, sans changement, et, sur le plan relatif du mental, les naissances et les morts semblent se succéder. De même Ramana Maharshi [3] s'exprimait ainsi : « Le Soi réel est continu et inaffecté ; l'ego qui se réincarne appartient à un plan plus bas, celui de la pensée. Il est transcendé par la réalisation du Soi. » Ce qui se passe, toujours selon le Maharshi, c'est qu'au moment de la mort nos potentialités latentes se replient dans un endroit que l'on peut localiser symboliquement comme le cœur. Elles gardent leur puissance de germes qui vont ensuite pouvoir se développer et continuer une certaine existence dans un corps différent.

Personnellement, je ne trouve pas le mot réincarnation tout à fait juste car il évoque un aspect charnel. Et dans l'hypothèse qu'il existe des naissances successives, c'est sur le plan subtil du mental, de l'ego. Même Swâmi Prajnânpad avait des réticences sur le terme réincarnation, car cela impliquait un sujet, une entité qui passe d'un corps à un autre, alors qu'en vérité l'ego n'a pas d'existence propre en ce sens qu'il n'a ni stabilité ni permanence. Ce n'est qu'une succession de pensées, d'émotions, de croyances et de notions culturelles inculquées depuis l'enfance.

Pour Swâmi Prajnânpad, mort et naissance sont des phénomènes, mais il n'y a personne pour y prendre part, y participer. Il y a naissance et mort, mais non une personne qui naît ou meurt. Il n'y a qu'un changement continuel. Dans une seule vie, il existe plusieurs naissances et morts si l'on considère les différents âges de la vie : nouveau-né, enfant, adolescent... Si l'on regarde le bébé et l'adulte, on peut dire, comme le disait le Bouddha pour les vies successives : ni le même ni un autre. D'autre part, nous naissons, en quelque sorte, chaque fois que survient une pensée, et nous mourons lorsqu'elle disparaît ; il y a alternance entre naissance et mort. Par la mémoire, l'homme crée une permanence, une continuité, alors que chaque pensée, chaque impression est unique.

N. C. : *Ce thème de la réincarnation n'est-il pas avant tout sous-tendu par un concept majeur : celui du désir ?*
D. D. : Oui. Et il est important de l'évoquer avant d'aborder la question de la renaissance proprement dite. Le désir qui nous conduit à voyager, à changer de pays, de métier, ce désir qui préside au passage à l'action est également ce qui propulse l'individu dans une autre existence. La tradition orientale insiste sur les dernières pensées du mourant, car ce sont elles qui vont déterminer la nouvelle existence.

Le désir est un aspect fondamental de la vie humaine, et la notion même de la réincarnation se fonde sur le fait qu'on ne peut échapper à l'emprise du désir. Swâmi Prajnânpad insistait à la fois sur la puissance du désir moteur de l'action – de la vie – et sur son érosion. Si les désirs cessent, les renaissances cessent également. La succession est interrompue. Mais une question se pose au sujet de l'ultime liberté intérieure, la libération, qui dépend uniquement de celle du désir. La libération, aboutissement de toute une vie, est aussi le moyen d'échapper à la ronde infernale des morts et des renaissances. Il reste alors à s'interroger honnêtement : « Désirons-nous être libéré du désir ? » Selon l'optique prajnânpadienne, ce n'est pas en le réprimant qu'on pourra se libérer du désir, mais, paradoxalement, en le comblant.

Mais attention, il ne s'agit pas de le vivre n'importe comment. Il y a l'art et la manière...

N. C. : *De quelle façon ?*
D. D. : Il y a deux sortes de satisfaction. D'abord une satisfaction partielle, superficielle, que l'Inde nomme *upabhoga* : la satisfaction la plus habituelle, la plus ordinaire. Nous jouons avec les objets des sens et, comme celui qui ne sait pas nager est balayé par le courant, nous sommes bien souvent emportés par nos sensations, nos émotions, nos passions, voire un désir aveugle. Il n'y a aucune lucidité. Le désir n'est pas assouvi et, au contraire, il augmente. Ensuite existe une satisfaction pleine, complète, dans la réalisation de son désir, que l'Inde nomme *bhoga*. Dans ce cas, au moins une lueur de lucidité doit être présente pour commencer à s'exercer, jusqu'au moment où l'agissant devient totalement présent : un acteur conscient (*kartâ*) qui sait et voit ce qu'il fait, et pourquoi il le fait. Il est le maître de la situation, comme celui qui sait nager connaît le courant. Il maîtrise la situation. Il sait que le courant peut le porter. Lorsque la vague survient, il saura s'élever, mais aussi descendre avec elle. Il sait ce qu'il fait comme l'acteur conscient (*kartâ*) voit ce qu'il fait. Il est alors un homme capable d'agir lucidement, et l'action suit naturellement.

Ce n'est que par cette sorte d'expérience consciente, complète, que le désir peut tomber.

N. C. : *Vous évoquez l'art de vivre consciemment son désir. Qu'en est-il des situations agréables et désagréables ?*
D. D. : Si nous pouvons parfois vivre les premières de tout notre être, nous tentons presque toujours de fuir les secondes. Nous ne trouverons jamais cette précieuse liberté intérieure si nous ne vivons pas d'une façon consciente, vigilante, aussi bien les situations agréables que désagréables. Si je ressens une situation comme étant désagréable, c'est parce qu'à l'arrière-plan je m'accroche à un souvenir agréable.

Au sujet de cette liberté intérieure, le travail que j'ai proposé durant ces vingt dernières années porte justement sur ce qui entrave cette indépendance psychique : les conditionnements du passé et les émotions qu'ils suscitent. Il s'agit alors d'aider chacun à découvrir l'origine de sa dépendance à son passé particulier avec un double but : celui de se dégager des nœuds émotionnels les plus graves et, surtout, la perspective essentielle de voir les choses moins déformées par les projections du passé, donc telles qu'elles sont, ce qui est la visée de l'enseignement proposé par Swâmi Prajnânpad comme par le Bouddha. Telles qu'elles sont, c'est-à-dire de manière neutre, sans jugements ni comparaisons. Neutre peut paraître fade, banal, et c'était pourtant l'une des clés essentielle que donnait Swâmi Prajnânpad pour approcher cette idée de brahman, « cette nature de Bouddha », cette haute réalité qui est le but ultime de l'incarnation humaine.

N. C. : *Comment se déroulait ce travail avec lui ?*
D. D. : L'ascèse que j'ai d'abord suivie et que j'ai ensuite fait suivre à d'autres comprend donc une méthode pour réactiver un des types de mémoire. Non celle aux inscriptions mnésiques récentes, vivaces, mais celle apparemment sclérosée, réservoir de souvenirs réprimés : l'inconscient, dont les messages polluent notre présent, et qu'il faudra réactiver puis explorer jusqu'à des sources d'information de plus en plus profondes. Disons tout de suite que l'hypnose n'est jamais employée. Ni dans ce que j'ai pratiqué ni dans ce que je fais pratiquer. Il s'agit d'un « plus » de conscience, jamais d'un moins. Une conscience élargie, un surcroît de lucidité et non une léthargie ou un état cataleptique. Tout repose sur un retournement progressif de l'attention et de l'énergie. Lesquelles, d'habitude, sont continuellement happées

par l'extérieur – que ce soit nos interlocuteurs, notre famille, ou bien les arbres, les affiches, le cinéma, la télévision. Si, consciemment et pour un temps donné, nous retournons cette attention, cette énergie subtile, vers l'intérieur, des zones obscures de notre être se trouvent soudain comme balayées par des faisceaux lumineux et l'énergie que nous leur transmettons éveille une vie jusque-là inconnue. Nous devenons capables de capter de nouvelles perceptions de nous-mêmes qui se développent peu à peu. Un verset des *Yoga-sûtras* de Patañjali [4] donne justement un aperçu des possibilités dans ce domaine : « La perception directe des *samskâras* (c'est-à-dire des impressions passées) donne la connaissance des vies antérieures. » Comme cette parole du Bouddha : « Lorsque la contemplation du corps a été développée [...], est devenue une base sainement établie, on peut obtenir la mémoire des naissances précédentes. »

N. C. : *Lorsque Swâmi Prajnânpad proposait à ses disciples l'expérience du lying (qui s'effectuait allongé sur le dos) dans le but d'exprimer les émotions refoulées, cette expression se bornait-elle aux difficultés rencontrées dans la vie présente, sans tenir compte des vies passées ?*

D. D. : En général, ce qui fait souffrir dans notre vie actuelle est dramatisé, amplifié par des souvenirs désagréables qui viennent soit de l'enfance, soit de l'état de nourrisson ou même de l'état fœtal, et non des vies antérieures. S'il y a dans l'événement actuel un élément qui ressemble d'une façon ou d'une autre à un douloureux ressenti de la petite enfance, cet élément va aimanter les souffrances anciennes qui viendront s'agglutiner sur celle du moment et dramatiseront la situation. Le processus-lying consiste à retrouver l'origine lointaine de cette souffrance pour ensuite s'en désidentifier. Ces souvenirs douloureux vont déformer la vision juste de l'événement qui déjà par lui-même trouble notre vie quotidienne. Un fil invisible relie en quelque sorte les mêmes genres de situations et de souffrances. D'où réactions en chaîne si ce fil est sollicité par une souffrance actuelle qui retentit sur une plaie profonde mal cicatrisée.

On croit se contenter d'exprimer une souffrance du moment, mais le traumatisme initial s'y engouffre et, du coup, l'origine du fil se découvre. Dans ce travail, il existe plusieurs stades. D'abord réactiver la mémoire endormie pour exhumer les souvenirs les plus lointains. Ensuite, exprimer les émotions dont ils sont imprégnés et continuer leur expression afin d'user l'impact émotionnel.

Dès que l'émotion aura perdu de son intensité, et aura même disparu, le passé prendra un aspect moins douloureux, jusqu'à ce qu'il devienne neutre. On peut dire aussi que cette anamnèse constitue un anti-karma... Qu'est-ce le karma ? Une relation intime entre deux situations : présente et passée. Alors que chaque impression, chaque pensée – comme chaque situation – est unique et qu'il n'y a pas de continuité, alors que les situations ne sont pas reliées entre elles, la mémoire ramène sans cesse les impressions du passé et projette les émotions qui lui sont jointes sur le présent : le karma. Et cet incomparable instrument qu'est la mémoire, qui enregistre chaque impression tout en restant inaltérée, neutre, devient celle qui crée un lien parfois obsessionnel entre présent et passé : elle est alors la grande coupable. Si on parvient, par les lyings, à la dépouiller de tout élément émotionnel, on lui aura rendu sa neutralité foncière. Plus aucun dynamisme (*vâsanâ*) ne l'incitera à projeter à tort et à travers les torrents émotionnels du passé sur nos situations quotidiennes. Le maillon entre passé et présent sera rompu en même temps que défait le lien qui reliait l'émotion au souvenir : anti-karma.

Un spirite contre l'hypnose

À la fin du XIXe siècle, Albert de Rochas, spirite et fervent réincarnationniste, met en garde contre la régression sous hypnose. Il distingue trois types de « souvenir de vie antérieure » :
1) souvent, l'hypnotiseur injecte ses propres pensées dans l'hypnotisé ;
2) assez souvent, un « esprit qui s'ennuie dans l'au-delà » vient parasiter le sujet ;
3) parfois, ce dernier se rappelle vraiment une vie passée, mais c'est presque toujours invérifiable.

D'après *Le Mystère des retours éternels*, Jean Prieur, éd. R. Laffont.

Après l'expression de l'émotion doit s'effectuer un travail de désidentification afin de nous détacher sans violence de l'enfant que nous avons été et qui a tant souffert. De la même façon, si a été retrouvé un personnage antérieur qui a vécu des situations très douloureuses, nous finissons par découvrir qu'il a cessé de nous troubler et qu'il est inutile de continuer à subir ses souffrances. Cet enfant, ces personnages jusque-là enfouis dans l'ombre de l'oubli ne sont revenus que pour nous quitter et nous laisser enfin vivre de façon plus lucide et plus détendue la situation présente.

En retrouvant ces mémoires lointaines, nous vivons ce que l'enfant blessé a vécu, et en même temps nous avons la claire conscience d'être allongé, en train d'effectuer un travail d'anamnèse. Il existe donc deux personnages bien distincts : l'un réel et l'autre irréel, mais dont nous retrouvons les sensations et les perceptions avec presque autant d'acuité que si nous avions vécu ces événements la veille. Il y a donc deux perceptions, deux espaces-temps différents. L'espace actuel, lieu du travail, et celui où se déroulent des événements d'un autre temps.

La coexistence de ces deux espaces-temps, de ces deux perceptions différentes, fera jaillir un état intérieur inusité et donnera naissance – ne serait-ce qu'un instant – à un homme affranchi de l'ordre du temps, témoin apaisé de l'irréalité du personnage ancien comme de celui qui vit maintenant. Ce qui pourrait être, en somme, l'approche d'un détachement et d'une liberté intérieure. Il s'agit là d'une expérience rare, mais spontanément vécue par beaucoup, d'un exercice de connaissance de soi, d'élargissement du champ de conscience. Ainsi le lying aura-t-il pu nous montrer la relative réalité de notre existence actuelle qui ne se déploie que pour s'engloutir, d'heure en heure, dans le passé.

N. C. : *Revenons à notre difficulté de comprendre certaines de nos attitudes, de nos actions ou de nos émotions. Si nous ne les laissons pas s'exprimer, elles ne pourront pas non plus se dissiper.*

D. D. : Il nous faut évoquer ici les tendances latentes ou nos habitudes mentales (*vâsanâ* en sanskrit) et les impressions passées (*samskâra*) qui, même ignorées, ont gardé leur dynamisme et envoient sans cesse des messages. Quant à la *vâsanâ*, sa nature la pousse à venir au grand jour : de dissimulée, devenir connue ; d'inconsciente, devenir consciente ; de latente, patente. Elle se manifeste de façon détournée par des émotions ou des impulsions, autant de messages impossibles à décoder. Et, du fait de cette incompréhension, nous ne pouvons que les réprimer. Nous nous opposons donc à la venue de la *vâsanâ* avec autant de force qu'elle met à vouloir émerger. D'où une lutte sourde, une tension peu propice à la quiétude intérieure, encore moins à l'état contemplatif. De plus, si on ne laisse pas revenir ces souvenirs douloureux parfois incarnés en personnages anciens, ils ne pourront non plus nous quitter. Cessons alors de nous opposer à leur venue – c'est la technique du lying – afin d'être dans la paix. Le but de se retour vers le passé, si lointain soit-il, est de mieux vivre le présent dans sa pureté, enfin libre de projections déformantes.

N. C. : *Pour conclure, ces souvenirs, ces* vâsanâs, *ces retrouvailles avec des scénarios anciens, s'agit-il de fantasmes ou peut-on supposer qu'il s'agisse véritablement d'une vie dite antérieure ?*

D. D. : Qu'il s'agisse d'une vie antérieure, d'une impression captée dans l'inconscient collectif ou tout simplement d'un fantasme, cela importe peu. Par expérience, je constate que ces souvenirs ancrés en nous ne sont jamais volontairement sollicités.

Ils surgissent. Ils s'imposent. Ce qu'il nous faut considérer, c'est la virulence, la nocivité de leurs messages : il s'agit de les comprendre pour mieux les dissoudre. Mon but, c'est de proposer un nettoyage de la psyché (*citta suddhi* en sanskrit) et de délivrer le mental de ses proliférations et de ses encombrements qui empêchent une juste préhension du réel, un contact direct avec les choses et qui entrave notre tranquillité. Pour préciser ce nettoyage du *citta*, et sans établir un schéma géographique, on pourrait considérer l'être humain comme une alchimie à trois étages où se situe, entre notre fonctionnement de surface et notre inaltérable nature profonde de tranquillité, l'étage agité, plein de remous perturbateurs, un réservoir où grouillent marques de l'enfance, impressions passées, jusqu'à d'éventuelles vies antérieures. C'est une zone de troubles – qu'on la nomme ensemble de mémoires oubliées, inconscient ou *citta* – qui empêche l'accès permanent à notre véritable nature. Plus la zone de troubles sera nettoyée de ses turbulences, plus elle retrouvera sa transparence première et nous permettra d'être reliés à notre vérité profonde. Ainsi s'éclaire le sens de ce travail de connaissance de soi jusqu'aux couches les plus ignorées de notre être : à la fois introspection, haute vigilance, ascèse et purification.

1. Auteur de *Carnets de pèlerinage*, éd. Albin Michel.
2. Swâmi Prajnânpad, maître spirituel indien, révélé au public français par Arnaud, Denise Desjardins et Daniel Roumanoff.
3. Grande figure spirituelle contemporaine qui vivait dans le Sud de l'Inde. *L'Enseignement de Ramana Maharshi*, éd. A. Michel.
4. *Patañjali*, voir la traduction et les commentaires de Jean- Bouchart d'Orval publiés aux éditions du Relié.

À lire aux éditions La Table ronde :
• Denise Desjardins :
***De naissance en naissance*, 1977.**
***La Mémoire des vies antérieures* (et Pocket), 1980.**
***La Stratégie du oui*, 1992. Conteurs, saints et sages, 1998**
• Arnaud Desjardins :
***À la recherche du soi*, 1977.**
***Le Vedanta et l'Inconscient*, 1978.**
Au-delà du moi, Tu est cela
• Daniel Roumanoff :
***Svâmi Prajnânpad*, (3 tomes), 1989.**

Faire le lien entre l'émotion passée et la manière dont elle colore le présent

Un psychiatre qui pratique le lying

Entretien avec Bernard Pernel,
par Catherine Barry

Médecin psychiatre de formation, Bernard Pernel pratique depuis des années le lying, qu'il a lui-même éprouvé avant de le mettre au service de ses patients.

Nouvelles Clés : *Quel est le parcours qui conduit un neuropsychiatre à la pratique des lyings ?*
Bernard Pernel : Il est d'abord classique : travail dans les différentes institutions de la psychiatrie. Analyse, pendant plusieurs années, notamment avec Lacan. Il y a ensuite un intérêt intellectuel pour les enseignements spirituels de l'Orient. Enfin, la rencontre décisive avec Arnaud Desjardins. Je suis allé au Bost pour suivre son enseignement. J'ai commencé les lyings. Cette aventure a duré plusieurs années.

N. C. : *En quoi consistent les lyings ?*
B. P. : C'est une « purification » de l'inconscient, comme dans l'ensemble des thérapies, mais cette « purification » fait partie intégrante du reste de l'enseignement d'Arnaud et de Swâmiji. On essaye, en exprimant des situations du présent, d'entrer en résonance avec des émotions du passé, notamment de l'enfance.
L'émotion est le fil rouge que l'on tente de suivre. Les lyings ne sont pas, en eux-mêmes, une thérapie. Ils se font exclusivement dans le cadre d'une voie spirituelle. Cette approche s'inspire des grands textes de l'Inde ancienne. Par ailleurs, elle prend en compte certains aspects de la psychanalyse, car pour être en accord – être un – avec les situations à chaque instant de la vie, il faut lever les obstacles qui s'y opposent et qui se trouvent dans notre monde psycho-affectif. Pour mieux adhérer au présent, il faut se libérer du passé. Dans les lyings, on est un avec l'émotion. On l'accepte. « On plonge » dedans. On y adhère totalement, sans se laisser emporter par elle. On l'observe vivre en nous.
C'est une méditation. Par exemple, si j'éprouve de la colère contre une personne, je me laisse consciemment couler dans cette colère, en demeurant témoin de moi-même, engagé dans ce processus. Je sais que cette colère

s'exprime. Je ne suis pas emporté par elle. Je suis un avec elle. Conscient du processus en cours.

N. C. : *Peut-on encore parler de thérapeute à propos de la personne qui « fait faire » les lyings ? Quel est son rôle ?*
B. P. : Il n'est plus thérapeute, mais « accompagnateur », et se situe dans une relation fraternelle avec la personne, puisque engagé dans la même recherche.

N. C. : *Est-il important de croire à l'existence des réincarnations pour entreprendre ce travail ?*
B. P. : Pas obligatoirement ! Ce qui est libérateur, c'est de revivre ces phénomènes avec le cœur et de faire le lien entre cette émotion et la manière dont elle colore les situations du présent. Si je me place en tant qu'accompagnateur, croire ou pas au phénomène des renaissances n'est pas essentiel en soi. Ce qui importe, c'est de permettre à la personne qui fait ce travail de vivre complètement ce qui « remonte » à la conscience, afin de le mettre en relation avec les situations du moment, sources de souffrance. Et ceci, quelles que soient les images et les scènes qui s'expriment. La position juste me semble être de ne rien rejeter, mais de s'ouvrir à la recherche. Deux attitudes sont à éviter.
Refuser, sans s'interroger, sous prétexte que les réincarnations n'appartiennent pas à un système rationnel. Ce refus est d'origine affective. Même chose quand on accepte ce processus sans se poser de questions, comme c'est souvent le cas par exemple dans les mouvements *new age*, très friands d'irrationnel.

N. C. : *Les scènes qui surgissent en séance de lying ne pourraient-elles appartenir à l'inconscient collectif plutôt qu'à des vies antérieures ?*

B. P. : La perspective des vies antérieures se situe au plan d'un inconscient individuel qui se perpétuerait de vie en vie. L'inconscient collectif touche à des empreintes, à des archétypes universels beaucoup plus profonds. Le décryptage n'est pas le même. Si on se place sur le plan de la conscience, le phénomène des réincarnations n'a rien à voir avec la spiritualité. Se dire que l'on a une ou plusieurs vies successives n'est pas de cet ordre-là. Ce qui est intéressant dans le processus, c'est qu'il peut expliquer beaucoup de choses de la vie humaine. La réincarnation n'a d'intérêt que par rapport à l'incarnation. Il s'agit toujours d'un prolongement du moi, de l'ego. C'est une recherche qui concerne la psychologie, l'humain, la parapsychologie.

Carl Gustav Jung pose la grande question de la personne

ENTRETIEN AVEC MICHEL CAZENAVE,
PAR ILKE MARÉCHAL

Nos qualités acquises sont les liens invisibles qui rattachent chacun de nos existers *l'un à l'autre.* HONORÉ DE BALZAC

Jetant un pont entre Orient et Occident, entre thérapie et spiritualité, l'inventeur de la notion d'*individuation* aura toute sa vie une attitude ambivalente vis-à-vis de la réincarnation. S'il admet qu'on se trouve là dans un domaine où l'ego a toutes les chances de se leurrer, il soutient *mordicus* – à l'inverse du bouddhisme – l'existence réelle d'un Soi. Celui-ci, traversant tous les aléas et tous les masques du monde, conduit lentement à la constitution d'une personne.

Nouvelles clés : *Comment se situait Carl Gustav Jung vis-à-vis de la croyance extrême-orientale en la réincarnation ? Son autobiographie,* Ma vie, *nous montre un homme qui, en fin de vie, adoucit beaucoup son refus catégorique initial.*
Michel Cazenave : Si l'on veut comprendre la position de Carl Gustav Jung en ce qui concerne la réincarnation, il faut bien avoir à l'esprit que, durant toute sa vie, il a mis l'accent sur le fait qu'il était un empiriste et que son seul souci était la guérison de l'être humain qui se trouvait en face de lui. Si le fait de croire en la réincarnation vous aide à vivre, disait-il, je n'y vois aucun inconvénient. Mais il faut savoir, ajoutait-il, que rien de rationnel, rien de scientifique, même rien de psychologiquement fondé ne vient appuyer cette croyance. Et il maintenait que, en tant que psychologue, il n'avait aucun jugement à porter quant à l'existence réelle de la réincarnation puisqu'il s'agit là d'une opinion métaphysique et religieuse, d'une *doxa*, ou au mieux, d'une confiance ou d'une foi, d'une *pistis*. Pour lui, affirmer avec toute certitude qu'une réincarnation se produit d'une vie à une autre supposerait d'en avoir fait l'expérience, supposerait d'être passé à travers la mort et d'en être revenu pour pouvoir nous en parler.

N. C. : *Mais il ne la rejette pas ?*
M. C. : Jung nous renvoie sur ce point à nous-mêmes en insistant sur le fait que, quelle que soit la philosophie que nous bâtissons au sujet de la réincarnation, il s'agit de toute façon de notre pensée, de notre croyance, de notre représentation humaines. Dans mon discours, et par définition, il est question non pas de la réalité en soi de la réincarnation, mais de la manière dont je me la représente ou me l'imagine. Si Jung y fait référence, il l'utilise donc dans le cadre d'une lecture symbolique.

Or, de quoi parle-t-on exactement ? En Occident il s'est produit un tel mélange de certaines notions, que le premier travail est d'opérer les distinctions qui s'imposent. Par exemple, *réincarnation* et *transmigration* n'ont pas le même sens. Dans la transmigration, c'est l'âme qui quitte un corps et se défait en même temps de sa partie matérielle. Puis elle est purifiée dans sa partie la plus haute, et elle revient habiter un autre corps. Tandis que, dans le mot *réincarnation*, il y a incarnation, c'est-à-dire quelque chose qui rend le mot beaucoup plus proche de ce qu'un chrétien entend, en gros, par résurrection. Si quelque chose de mon existence antérieure me poursuit, si par exemple j'estime devoir payer pour quelque chose que j'ai fait auparavant, il y a bien une permanence de la personnalité et du destin.

Il faut ajouter que la manière qu'a l'Occident de comprendre la transmigration est un contresens absolu par rapport aux philosophies orientales. Une chaîne de transmigrations ininterrompues signifie la pire des choses pour un Oriental. L'incarnation sur cette terre, c'est le voile de l'ignorance, c'est l'exil de l'inconditionné. Et tout l'effort du méditant en général, le but de toute ascèse, c'est, justement de parvenir à interrompre cette chaîne dont il faut se libérer. En Inde, un *shivan mukti*, un « libéré vivant », est quelqu'un qui a réussi à s'en défaire pour rentrer dans le sein de l'inconditionné, de l'illimité. Alors qu'en Occident, on le voit bien dans presque tout ce qu'on peut lire à ce sujet, il s'agit d'une réinterprétation à caractère cyclique de la résurrection chrétienne. Au lieu qu'elle soit une malédiction, la croyance dans une nouvelle existence est ici gouvernée par un principe d'espérance. Ce que nous n'avons pas pu faire dans cette vie, nous pourrons le rattraper dans la prochaine : il nous reste la possibilité du rachat. Je pense qu'un bon hindou ou un vrai bouddhiste seraient effrayés par cette conception de la transmigration.

N. C. : *Comment l'empiriste, le clinicien que fut Jung en tire-t-il des conclusions d'ordre symboliques ?*
M. C. : Jung se demande à quoi de telles notions peuvent renvoyer dans l'existence des hommes tels que nous sommes, dans les conditions qui sont les nôtres. Il trouve que, ce qui se joue là, c'est le fait que, dans notre vie, nous avons tous un certain nombre d'étapes à franchir. Jung appelle cela le « processus d'individuation », qui consiste à faire venir à jour l'entièreté de l'être. « Individu » égale ici « indivisé », non divisé. Ce parcours se marque dans un certain nombre d'épreuves, en particulier des morts symboliques. À travers chaque mort symbolique, quelque chose renaît. Quelque chose qui est nous, mais un nous nouveau et plus réel parce que nous nous sommes transformés.

N.C. : *Dans l'édifice de sa psychologie, Jung était très attaché à la notion d'âme. Il la voyait bien au-delà ou en deçà du moi, ou de la personnalité, qui, eux, sont toujours en transformation. Comment est-il finalement arrivé à la formulation du Soi, comme il appelle ce fond d'éternité en nous ?*
M.C. : Il est un fait que Jung a profondément étudié les philosophies orientales où il a souvent trouvé des confirmations ou des élaborations de ses propres intuitions et expériences. Pour Jung, il était clair qu'il existe quelque chose au-delà du moi empirique, de ce moi dont il parle, d'ailleurs, comme étant le « complexe du moi », donc d'un moi qui est de l'ordre de l'imaginaire. Au-delà de ce moi, il y a donc le JE véritable de notre personne – qui est en même temps en relation avec l'inconnu et l'inconnaissable. C'est ce qu'il appelle le SOI. Il l'écrit à plusieurs reprises, le Soi correspond à l'*Atman*

des grands textes hindouistes des Upanishads. Et il faut alors comprendre le paradoxe selon lequel notre JE authentique est de l'ordre de l'Autre.

N. C. : *A soixante-neuf ans, Jung fait ce beau rêve où il rencontre un yogi absorbé dans la méditation. Ce yogi avait les traits de son propre visage et il comprend au réveil : «Voilà celui qui me médite. Il a un rêve, et ce rêve, c'est moi. Quand il se réveillera je n'existerai plus [1].» Jung interprète ce rêve comme une parabole où le yogi représenterait son SOI, sa « totalité prénatale inconsciente » qui « projette sa réalité empirique ». Dans cette forme terrestre, le Soi peut faire les expériences du monde à trois dimensions et, par une conscience accrue, progresser vers sa réalisation.*

M. C. : Oui, ainsi Jung prend le Soi à l'intérieur de sa propre *empirie*, de sa propre expérience personnelle : cet *Atman* a un double statut. D'une part, il est formé de cet inconnu auquel il renvoie ; d'autre part, il est la manifestation (à l'intérieur de notre psychisme) de l'inconnaissable en soi. Jung ne cédera jamais sur l'existence de cet archétype du SOI, qui est en même temps une réalité opératoire et symbolique qui situe notre rapport avec l'illimité ou l'éternel.

N. C. : *L'attachement de Jung au Soi, à cette part d'éternité en nous, le sépare alors fondamentalement du bouddhisme qui rejette la théorie de cet Atman correspondant à un individu psychophysique. Pour un bouddhiste, néanmoins, le processus de la réincarnation avec son corollaire de karma est le chemin pour se libérer de cette illusion que le monde et la substance sont pour lui.*

M. C. : Le processus à l'œuvre dans la méditation qui mène, par exemple dans le bouddhisme zen, au satori, Jung le repère parfaitement. Il a une vraie compréhension de la notion de vacuité qu'il ne voit pas comme le pur néant, mais plutôt comme cette espèce d'éclair de la « suressence » des choses qui vient déchirer l'existence. Pourtant, il n'a jamais renoncé à l'existence du Soi. Autrement dit, il se demande qui est le *sujet* du satori. Pour le bouddhiste il n'y a que de la vacuité comme fondement, le *sunyata*. Or, pour Jung, le sujet qui fait l'expérience est évidemment le Soi. Sans ce Soi avec sa part d'inconnaissable sa théorie psychologique ne peut plus tenir.

N. C. : *Quelles ont été ses positions vis-à-vis des notions telles que le* dharma *et le* karma *?*
M. C. : Il ne nie pas la notion de dharma, simplement celle-ci ne trouve pas sa place dans son épistémologie de la connaissance. Par ailleurs, quand il parle de karma, ... ce dont nous avons déjà parlé, il se réfère aussi souvent à une « hérédité psychique ». Lorsqu'il parle de lui-même, de sa famille, de ses ancêtres, du docteur Jung qui était l'ami de Goethe, il désigne en fait une notion qui n'était pas encore bâtie à l'époque et que l'on nomme aujourd'hui l'inconscient généalogique, c'est-à-dire un inconscient transgénérationnel.

N. C. : *Toujours dans son autobiographie* Ma vie, *Jung admet, à la fin de sa vie : « Dans mon cas c'est une aspiration passionnée à comprendre qui [...] a dû susciter ma naissance [...]. Le sens de mon existence est que la vie me pose une question. Ou, inversement, je suis moi-même une question posée au monde et je dois fournir ma réponse, sinon j'en suis réduit à la réponse que me donnera le monde. Telle est la tâche vitale transpersonnelle. »*
M. C. : À la fin de sa vie, Jung se sert effectivement de plus en plus de cette notion de karma tout autant que de la notion de vocation. En fait, il désigne la même chose : ce que nous avons à accomplir, c'est notre véritable des-

tin. Nietzsche dit la même chose quand il parle de l'*amor fati* : aimer son propre destin ! Jung le dit lui-même à plusieurs reprises « l'homme névrosé est celui qui ne pratique pas l'*amor fati* ». L'idée en est que nous devons aimer, admettre, réaliser ce que nous sommes le plus profondément. Dans une certaine perspective, nous pourrions dire : un destin nous est affecté sous la regulation de notre Soi, qui nous pousse à agir. Nous parlerons alors de karma. Et, en même temps, le Soi nous appelle, nous appelle à travailler. Ici, nous sommes dans la vocation. Mais les deux termes désignent la même chose de deux points de vue différents.

N. C. : *C'est alors que l'on pourrait parler de dharma ?*
M. C. : Tout dépend si l'on regarde les choses à partir de l'homme empirique ou si on se met à la place du Soi. Pour Jung, nous sommes les deux. Et si nous découvrons que nous sommes les deux, qu'il s'agit des deux facettes d'une même réalité, nous comprenons que, précisément, destin et vocation renvoient à cette seule et même réalité qui se trouve au fondement.

[1] *Ma vie,* p. 368.

À lire de Carl Gustav Jung :
***Ma Vie*, éd. Gallimard, 1973**
***Psychologie et Orientalisme*, Albin Michel**
À lire de Michel Cazenave :
***Jung, l'expérience intérieure*, éditions du Rocher, 1997**
***Carl Gustav Jung*, Les Cahiers de l'Herne, éd. Hachette Poche**

La preuve par la psychiatrie

Une piste scientifique

Entretien avec Jean-Pierre Schnetzler,
par Catherine Barry

Cet homme-là est un pionnier ! Bouddhiste avant l'heure et avant la mode, dans les années soixante, le psychiatre Jean-Pierre Schnetzler est bien placé pour répondre aux questions de ce dossier sur la réincarnation.

Dans son travail de psychiatre, Jean-Pierre Schnetzler n'a pas hésité à se marginaliser vis-à-vis de ses pairs, en s'intéressant au phénomène de la réincarnation et en l'introduisant comme donnée recevable auprès de ses patients. Une conviction née de sa propre expérience de lying avec Denise Desjardins, qui lui a permis de savoir reconnaître, de l'intérieur, s'il y avait de la vérité dans le discours des personnes qu'il accompagnait ou s'il s'agissait plutôt de pathologies.

Nouvelles Clés : *Que dit un psychiatre bouddhiste du processus de réincarnation ?*
Jean-Pierre Schnetzler : L'explication de la renaissance est que la conscience, qui n'est que temporairement liée au corps, ne meurt pas lorsque le corps disparaît. Elle reste porteuse des dynamismes psychologiques qui l'ont animée, limitée, motivée et enfermée jusque-là. Tout ceci en « bien ou en mal », puisque le karma c'est justement la force limitante, motivante, en bien ou en mal, qui nous fait voir, désirer, regretter... les choses d'une certaine façon et qui va conduire cette conscience de renaissance dans un autre état d'existence – car elle a des désirs, des haines, des besoins, des illusions qui n'ont pas été assouvis ou libérés.

N. C. : *Vous avez beaucoup étudié les travaux d'un psychiatre américain, Ian Stevenson. Pourquoi cet intérêt ?*
J.-P. S. : Stevenson a eu la chance d'être professeur de psychiatrie dans une université américaine et de disposer de l'argent d'une fondation privée, ce qui lui a permis, pendant quarante ans, de sillonner le monde et d'examiner sur place des « réincarnés » qui lui étaient signalés par des « indicateurs » du pays en question. Il dispose actuellement de plus de deux mille six cents dossiers. Il en a publié (avec une foule de détails, et une

minutie de juge d'instruction) plus de soixante-dix cas, en près de deux mille pages, et il vient de publier deux livres sur les marques corporelles de vies antérieures. Il a découvert que ce sont des enfants ordinaires, très banals, qui ont entre deux et quatre ans quand ils commencent à parler, disent par exemple : « Vous m'appelez Jacques, mon vrai prénom est Paul, j'ai une femme, trois enfants, je suis épicier, j'habite à tel endroit, j'ai été renversé dans une rue et je voudrais bien retrouver ma famille. » Cette situation est, bien sûr, traumatisante pour les parents actuels. Mais s'ils sont attentifs, l'enfant donne des détails et si on le présente finalement à sa famille précédente, il la reconnaît. Ce qui aide l'enfant à mieux vivre avec sa nouvelle identité.

N. C. : *Vous parlez de tâches corporelles qui indiqueraient une incarnation précédente ?*
J.-P. S. : Ce sont des marques corporelles qui expriment, le plus souvent, un traumatisme. Les plus simples et les plus connues sont les tâches de pigmentation, lie de vin, café au lait... qui existaient sur le corps de l'ancienne incarnation et que l'on retrouve sur la nouvelle personnalité, au même endroit, alors qu'il n'y a aucun lien, ni biologique ni génétique, entre elles. On trouve, ensuite, des tâches qui se situent à l'endroit exact où la précédente incarnation a reçu des blessures mortelles.
Et Stevenson démontre que, dans certains cas, le psychisme de la conscience mourante, puis renaissante, est capable d'avoir une influence particulière, par exemple une déformation du fœtus.

N. C. : *Ces réminiscences sont spontanées, mais y a-t-il des circonstances qui aident cette résurgence des souvenirs ?*
J.-P. S. : La première est l'écoute attentive et sympathique de la part du milieu familial. Sinon, le phéno-

mène est inhibé et supprimé. La seconde concerne les circonstances de la mort. Dans 60 % des cas de Stevenson, on retrouve une mort traumatique, par exemple un assassinat. La peur, l'angoisse, l'impuissance, n'ayant pas été digérées, « métabolisées », provoquent la persistance du souvenir d'une existence à l'autre. Quatre équipes de scientifiques différentes ont repris et confirmé les travaux de Stevenson. C'est une avancée gigantesque. Reste que ce phénomène demeure terriblement délicat.

À lire :

***De la mort à la vie*, J.-P. Schnetzler, éd. Dervy.**

***20 cas suggérant le phénomène de réincarnation*, Ian Stevenson, éd. Sand.**

Le syndrome des faux souvenirs incestueux

PAR MARIE-THÉRÈSE DE BROSSES

Messieurs, vous voulez me traiter comme si j'étais
Louis le Débonnaire ! Ne confondez pas le fils avec le père.
Je suis Charlemagne, moi ! NAPOLÉON 1er

On peut vivre sans problème en se croyant la réincarnation d'un grand prêtre égyptien ou d'une esclave de la Grèce antique ; il n'en est pas de même lorsqu'une thérapie mal conduite amène un patient à se « souvenir » que ses parents l'ont abusé sexuellement. La vogue des « souvenirs récupérés » a déclenché aux États-Unis une épidémie qualifiée de « dévastatrice » : familles détruites, innocents faussement accusés, réputations souillées, carrières brisées, procès infamants, haine... Devant l'ampleur du phénomène, il s'est même créée une *Fondation du syndrome de faux souvenirs* pour aider les parents soupçonnés. Ne vous départissez jamais de votre bon vieux sens critique !

C'est aux États-Unis – où prolifèrent les méthodes d'exploration et de développement de la personnalité (techniques dont les plus exotiques font les délices du New Age) – que la sonnette d'alarme a retenti. Des dizaines de milliers d'adultes affirment avoir retrouvé, grâce à leur thérapeute, les souvenirs – totalement refoulés et dont ils n'avaient jamais eu conscience – d'abus sexuels infligés dans leur enfance par leurs parents. Scandale, procès, demandes d'indemnités colossales, incarcérations... Les tribunaux sont débordés, les avocats se frottent les mains et les familles explosent. Tout cela grâce à la mode des « souvenirs retrouvé » (SR), une mode à l'origine d'un débat extrêmement violent dans la communauté des psy américains, et qu'on ne peut comprendre sans se référer à une particularité de la mémoire, la notion de refoulement. Lorsqu'un sujet vit un événement traumatique intolérable, il se crée dans le cerveau un mécanisme de défense qui vise à protéger le conscient. Le souvenir court-circuité n'est plus mémorisé. Où disparaît-il ? Mystère, il est comme « gelé », mais un jour il peut remonter et émerger à la conscience.

Remarquant que les patientes hystériques qu'il traitait ignoraient toutes, au début de leur thérapie, qu'elles avaient été sexuellement abusées dans l'enfance et s'indignaient à l'évocation d'une telle éventualité pour, après quelques séances, se remémorer de tels abus, Freud formula (1896) sa fameuse théorie de la séduction, selon laquelle l'hystérie était due à des abus sexuels perpétrés pendant l'enfance. Dix-huit mois plus tard, il rejeta sa théorie, précisant que ces scènes d'abus sexuels ne s'étaient en fait jamais réellement produites, mais étaient des fantasmes d'accomplissement de désir, produits par les propres pulsions

Voir les vies passées d'autrui

Des livres sur les NDE, il en fleurit tant qu'on a envie de crier « Pouce ! » J'ai pourtant été subjuguée par *Qui dit que la mort est une fin* [1] ?, et surtout pas son auteur, Alexis Ambre. Derrière ce pseudonyme masculin se cache une femme étonnante. Depuis son expérience (trois heures et demi de mort clinique qui l'ont métamorphosée), elle a quitté son métier de décoratrice pour suivre une formation lui permettant d'accompagner des malades, notamment des comateux. Elle a aussi développé un don de voyance stupéfiant. Dès notre premier contact, elle m'a décrit un défunt qui, selon elle, se trouvait à mes côtés, et dont elle m'a transmis un message m'annonçant un événement insensé et imprévisible, qui s'est effectivement produit deux jours plus tard ! Ce don de voyance lui permet, dit-elle, de visualiser les vies antérieures d'autrui. Elle aide ainsi certains malades à se libérer de troubles jugés incurables. Tel cet homme d'affaires ultra-sceptique, qui souffrait mystérieusement du dos et qu'elle a « vu » en archevêque de Tolède, sous l'Inquisition, poignardé dans le dos par son camérier. L'homme s'est rendu sur place, a enquêté : l'histoire s'est avérée véridique ! Et son mal a totalement disparu. M.-T. de B.

1. Éd. Presses du Châtelet.

sexuelles de ses patientes. Ces « souvenirs » qui émergent, d'où viennent-ils ? Sont-ils d'authentiques bribes surgies d'un passé oublié ? Des jeux de miroirs et des constructions implantées dans un esprit vulnérable ? Une projection de fantasme ? En fait, en l'absence de preuves objectives, il est impossible de savoir s'il ne s'agit pas d'un mélange de faits et de fiction, de peurs et de désirs. Freud recherchait la nature émotionnelle et pulsionnelle du contenu refoulé qui peut avoir une action pathogène, insistant sur la différence entre la vérité factuelle et la vérité narrative, laquelle est généralement beaucoup plus vivante et détaillée ; quand on repense aux souvenirs on les habille, ajoutant des odeurs, des couleurs, des détails, et la vérité narrative devient la réalité tout court. Elizabeth Loftus[1], présidente de l'American Psychological Association, une des meilleurs spécialistes américaines de la mémoire, en sait quelque chose. Lorsqu'elle était enfant, elle apprit que sa mère s'était noyée dans une piscine. Des années plus tard, un de ses oncles lui révéla que c'était elle qui avait découvert le corps. Elle commença par nier : « Mais non, c'est tante Pearl qui m'a prévenue, moi je dormais. » Mais les jours suivants, E. Loftus « retrouva » la scène dont elle reconstitua les moindres détails avec une précision inouïe, se revoyant gamine en état de choc devant le cadavre de sa mère en chemise de nuit flottant entre deux eaux, pour apprendre quelque temps plus tard que l'oncle s'était trompé : la gamine n'avait jamais rien vu, on l'avait avertie du drame dont elle ignorait tout.

L'Amérique – et le phénomène commence à traverser l'océan[2] – s'est entichée des techniques permettant les régressions dans le passé (enfance et parfois au-delà : dans le ventre de la mère ou dans des vies antérieures). Outre-Atlantique, on veut retrouver l'*enfant intérieur*, un concept cher à la « pop psychologie » ; il s'agit de l'enfant naturel parfait que chacun aurait pu rester s'il n'avait été agressé par les circonstances, l'éducation, la société, la famille, les rencontres, les amitiés ou amours malheureuses. L'idéal, la clef du bonheur, serait de retrouver cet enfant rousseauiste et de le laver de toutes ces agressions qu'il a préféré refouler pour n'en pas souffrir. Hypnose, relaxation, visualisation, associations libres, voyages imaginaires dans le passé, cri primal, rebirthing, transe, rêve éveillé... tout est bon pour remonter le cours du temps. C'est le *Recovered Memory Movement*. Mais au lieu d'être considérés comme des fantasmes ou des projections, les matériaux exhumés au cours de ces plongées dans les eaux profondes de la psyché sont souvent pris au pied de la lettre. Comme des faits établis.

À partir de ce moment, bonjour les dégâts ! (Il est entendu que cet article ne s'intéresse qu'à la problématique des faux souvenirs, dits FS, et ne nie pas l'existence d'abus sexuels ni d'incestes perpétrés dans la réalité – et encore moins l'existence éventuelle de vies antérieures !)

Les Incest Survivors

Un des exemples les plus célèbres est sans doute celui de Steven Cook qui réclama dix millions de dollars d'indemnité au cardinal de Chicago, Joseph Bernardin. Lors d'une transe hypnotique induite par Michèle Moul, une « thérapeute » de Philadelphie, ce patient se « souvint » d'avoir été agressé sexuellement par le prélat, dix-sept années auparavant (souvenir qu'il aurait refoulé pendant toute cette période). Sur la foi de cette subite découverte, S. Cook intenta un procès au cardinal. À plusieurs reprises, le clergé américain a été éclaboussé par des cas de pédophilie bien réels, mais en l'occurrence l'hypnothérapeute ne possédait, en fait de diplôme de psychologie, qu'un certificat délivré par John Roger, un gourou *new age* se prétendant l'incarnation d'un esprit divin. L'histoire ne dit pas si J. Roger avait également eu la révélation de sa précédente essence divine grâce à l'hypnose. Confié à un clinicien plus compétent, S. Cook ne tarda pas à reconnaître que ses « souvenirs » n'étaient que des confabulations [3]. (Les récits de « vies antérieures » que le patient « découvre » sous hypnose offrent d'innombrables exemples de confabulation).

S. Cook se rétracta, présenta des excuses publiques et retira sa plainte. Le cardinal eut la toute chrétienne bonté de lui pardonner et de ne pas le poursuivre pour procédure abusive. Mais beaucoup de ces histoires se terminent de façon plus tragique.

Ainsi, souffrant de dépression, Melody Gavigan, une informaticienne de Long Beach (Californie) âgée de trente-neuf ans, se fit soigner dans un hôpital psychiatrique. Cinq semaines de « traitement » la persuadèrent que son état résultait de rapports incestueux subis pendant l'enfance. Melody refusa une telle éventualité jusqu'au moment où la thérapie lui fit « retrouver des souvenirs refoulés » si précis qu'elle fut convaincue d'avoir été molestée, violée et sodomisée dans l'âge le plus tendre par son père. « Souvenirs » totalement faux, comme elle devait le réaliser plus tard ; elle engagea une procédure contre l'hôpital pour les préjudices subis par elle et sa famille (procès gagné).

On peut établir ainsi le scénario archétypal qui conduit à la création de faux souvenirs, et de ce qu'on appelle les *Incest Survivors* (personnes qui ont survécu à un inceste : « Pour survivre, j'ai réprimé le souvenir de ces viols, maintenant je m'en souviens, ils me reviennent par bribes, je comprends aujourd'hui pourquoi j'ai tant de mal à vivre », affirme Scindy L. dont le père a été condamné alors que le tribunal ne put trouver le moindre indice permettant de croire à la véracité des faits).

En 1993, devant la multiplication de faux souvenirs d'abus sexuels d'enfants retrouvés grâce au « travail » de thérapeutes, conseillers familiaux et travailleurs sociaux, le scandale éclate. Après que des familles ont été brouillées, des personnalités brisées, des carrières ruinées et des innocents incarcérés, le mouvement commence à s'inverser et des patients poursuivent les thérapeutes trop zélés qui les ont amenés à se fabriquer une mémoire. Une véritable polémique s'engage devant les tribunaux : est-il possible d'oublier totalement un événement traumatisant pour se le rappeler des années plus tard ? Peut-on véritablement oublier les abus sexuels répétés ? Les souvenirs peuvent-ils être stockés et cachés, puis exhumés à volonté ? Les souvenirs sont-ils exacts ? On a longtemps cru que la mémoire fonctionnait comme un appareil à enregistrer, à la manière d'une caméra vidéo : se remémorer quelque chose consisterait simplement à visionner la séquence filmée. Les troubles de la mémoire seraient d'ordre pathologique et certaines séquences, trop traumatiques, seraient refoulées de façon à ne pas être vues sans l'aide de techniques spéciales comme la psychanalyse ou l'hypnose.

Mais les travaux récents de neurophysiologues montrent que la mémoire se livre bien plus à un travail de reconstruction que de simple restitution. Lorsqu'on demande à des sujets d'écouter une histoire complexe et de la répéter, ceux-ci en changent le contenu, ajoutent des détails de façon à la rendre plus adaptée à leurs attentes implicites, plus conforme à leurs perceptions, à leur culture. Cette reconstruction s'opère dans les situations les plus simples, loin de tout contexte traumatique. Ainsi quelques sujets (qui se prêtaient à des expériences de psychologie) furent conduits dans un bureau où l'expérimentateur les pria d'attendre. Après quelques instants, ils furent emmenés dans une autre salle où on leur demanda de décrire par écrit et le plus précisément possible le bureau où ils avaient attendu. Tous décrivirent un bureau avec des livres (il n'y en avait aucun) : pour ces sujets, il était évident qu'il devait y avoir des livres dans un bureau d'université.

Ce travail sur la mémoire est capital pour comprendre la nature des erreurs des témoins oculaires d'affaires criminelles. Les témoins font état d'informations

Du danger des « régressions »

par Marie Jocher

Il y a bien des façons d'atteindre un « état de conscience modifiée » pouvant vous faire retrouver des « souvenirs de vie antérieure ». Bien des façons de se servir de ces états pour mieux se connaître, s'accepter, se soigner. Mais il y a autant de façons, aussi, d'aggraver sa névrose, accentuant la confusion et l'illusion où baigne notre vie. De nombreux psychothérapeutes nous mettent en garde contre les dangers très concrets que peut représenter un usage irresponsable de ces méthodes.

Djohar Si Ahmed, docteur en psychologie et psychanalyste, organise des séances collective de respiration holotropique [1]. Prudente, elle met en garde contre les professionnels qui s'affichent *ex cathedra* « praticiens de la régression dans les vies antérieures ». « C'est une conception trop directive de la thérapie, dit-elle, et cela me gêne d'un point de vue éthique. Un professionnel honnête n'a pas le droit de priver un patient de sa liberté d'explorer toute la richesse de sa psyché, car celle-ci peut faire émerger bien autre chose que des supposées vies antérieures ! »

L'idée de réincarnation est en vogue. Le psychothérapeute Michel Guillerand reconnaît que la régression en vies antérieures fait partie de sa panoplie. Mais il considère qu'une telle méthode ne saurait se pratiquer comme une spécialité exclusive. Elle n'est pas, de loin, la meilleure et peut conduire à des impasses graves. N'en déplaise aux patients de plus en plus nombreux qui la lui réclament, le psy cite des cas où la méthode dérape, comme avec cet homme obnubilé par un prétendu mauvais karma, à qui il a fallu montrer, par un rebirth, que son mal était lié à la prise de morphine par sa mère durant sa grossesse.

Et qu'arrive-t-il quand la régression tourne mal et que la personne ne « revient » pas ? « Le but d'une thérapie, explique Bernadette Blin, psychothérapeute et présidente française de l'Association internationale de psychologie transpersonnelle, est évidemment d'aider la personne à mieux vivre dans la réalité. Or, on constate parfois que certains tombent dans la fascination de ce qu'ils ont pu être

lors d'une "autre vie", et qu'ils s'y réfugient pour fuir leur vie présente. » Certains patients traversent plusieurs identités au cours d'une même séance, menacés d'état confusionnel. Pour éviter ce risque, le psychothérapeute doit interroger longuement la personne, pour déterminer si une technique de régression lui convient. Selon Michel Guillerand, les séquelles sont rares et la majorité des thérapeutes, outillés contre les « mauvais trip ». Djohar Si Ahmed rappelle l'importance cruciale du « sas de retour » que constitue la phase d'intégration, notamment par la verbalisation, qui permet de passer de la conscience modifée à la conscience ordinaire – le processus devant se faire progressivement, sans hâte, sous la surveillance étroite du thérapeute. Après quoi, les « matériaux » de la régression, les fameux souvenirs, peuvent être utilisés de façon bénéfique ; alors que, sinon, ils risquent de traumatiser les sujets. Djohar Si Ahmed cite le cas de patients qui, en séance de régression, se « glissent dans la peau » de leur père ou de leur mère. « Ce sont là des situations très psychotisantes, affirme-t-elle, et il serait alors grave que le thérapeute conforte le patient dans son délire : il doit au contraire l'aider à le dépasser en utilisant ce matériel comme s'il s'agissait d'un rêve, en l'incitant à "associer" pour finalement s'en libérer. »
« Tout individu se définit d'abord comme transgénérationnel, dit Didier Dumas [2], psychanalyste proche de Françoise Dolto, et là où le bât blesse dans cette affaire de karma, c'est quand on passe dans le registre de la psychose, où la seule thérapie efficace est le retour au réel, le travail sur la généalogie, la filiation. Lorsqu'on a affaire à des psychotiques qui justement souffrent d'un gonflement de l'imaginaire, une régression en vie antérieure risque d'amplifier leur délire. »

1. Stanislas Grof a mis au point la respiration holotropique, une thérapie dite « brève » (comme le rebirth, le cri primal, l'hypnothérapie, etc). Cette méthode associe l'hyperventilation, l'effet de groupe, les musiques et un travail corporel permettant au patient d'élargir sa conscience en estompant les limites de son moi et de s'ouvrir à des dimensions transpersonnelles. S. Grof s'y réfère notamment dans *Le Jeu cosmique*, éd. du Rocher, 1998.
2. Auteur, entre autres, de *Sans père, sans parole*, Hachette littérature.

post-événementielles (obtenues après que le crime a été commis) que, de bonne foi, ils présentent comme des « souvenirs » d'événements auxquels ils ont assisté.

Il est facile d'implanter de faux souvenirs, soutiennent les experts. Le Dr Nicholas Spanos, professeur de psychologie à l'université Carlton d'Ottawa, s'est livré à des expériences dans son laboratoire. Avec ou sans procédures hypnotiques, il réussit à implanter de faux souvenirs. Sans risques : les abus sexuels retrouvés appartenaient à une personnalité antérieure !

Le Dr Loftus s'avoue stupéfait par l'extraordinaire suggestibilité de la mémoire : « Au cours de mes expériences, conduites sur des milliers de sujets pendant plus de deux décennies, j'ai modelé la mémoire des gens, les poussant à se rappeler, par exemple, des verres cassés ou des magnétophones inexistants ; à se rappeler un moustachu à la place d'un homme bien rasé, des cheveux bouclés à la place de cheveux lisses [...], une grange dans un paysage en réalité désert. J'ai été capable d'implanter des faux souvenirs dans l'esprits des gens, leur faisant croire à l'existence de personnages qui n'avaient jamais existé ou à des événements qui ne s'étaient jamais produits. »

Le pouvoir du thérapeute n'est pas neutre. Souvent, son patient l'admire et se laisse influencer. Il n'existe aux États-Unis et au Canada aucune norme établie pour devenir thérapeute ou consultant : après quelques heures de formation en hypnose, les travailleurs sociaux s'occupent des présupposées victimes d'abus sexuels et leur fabriquent souvent une mémoire sur mesure. Même les psychologues diplômés obtiennent des résultats qui laissent perplexes ! Je laisse à nos lecteurs le soin de tirer leurs conclusion de ce seul exemple.

Après avoir soigné ses patients en leur faisant découvrir sous hypnose l'origine de leurs troubles dans des incarnations précédentes [4], Edith Fiore, une psychologue californienne, annonce en 1987 que plusieurs de ses patients sont « possédés » par une entité (généralement une personne défunte) qui cohabite dans leur esprit [5]. Par la suite, elle devait découvrir (toujours par hypnose) que la plupart de ses patients diraient avoir été enlevés par des extraterrestres [6]. Plus extraordinaire encore que les phénomènes de régression sont les phénomènes de « progression » : invités à se projeter dans le futur, le sujet en ramène des « souvenirs » de ses prochaines incarnations auxquels sa conscience pourrait avoir accès. Il peut alors détailler des « souvenirs du futur [7] ». Mais laissons là ces souvenirs retrouvés pittoresques que nous n'avons pas la place d'évoquer ici pour revenir à ceux, beaucoup plus plausibles, d'abus sexuels.

On estime à plus d'un million le nombre de femmes américaines qui, après un oubli de plusieurs années (parfois même de cinquante ans !), retrouvent soudain le souvenir d'avoir été violées par leur père. Détail intéressant : la plupart sont blanches et issues d'un milieu privilégié. Toutes sont en thérapie, et c'est la poursuite d'un traitement qui a « débloqué » leurs souvenirs. Peu à peu, juges, officiers de police, médias et citoyens ont pris conscience des terribles injustices commises au nom de ces affabulations, dont les conséquences sont souvent extrêmement graves : familles brisées, réputations souillées, adultes innocents incarcérés. D'après les statistiques, plus de vingt mille familles jusque-là sans problèmes particuliers ont été broyées par des témoignages de personnes (surtout enfants et femmes d'âge moyen) qui croyaient mordicus à la réalité de leurs SR.

Le syndrome de faux souvenirs est dénoncé comme une épidémie, « la pire à frapper la famille depuis des décennies » (innocents faussement accusés, patients dont les problèmes sont aggravés par de mauvaises thérapies...) et une autre crainte se dessine : les véritables victimes risquent de n'être plus prises au sérieux.

En 1992, aidée de professeurs de psychologie épouvantés par la dérive de certains « thérapeutes », Pamela Freyd crée une fondation destinée à faire connaître le problème de la remémoration des incestes. Un drame dont elle a pâti : elle fut accusée d'avoir été la complice de son époux, un mathématicien lui-même accusé d'inceste. Autour d'elle, des dizaines de milliers de pères soupçonnés d'être des pervers sexuels, des familles détruites et des victimes des pratiques abusives de thérapeutes incompétents. La Fondation du syndrome de faux souvenirs [8] – dont le comité comprend une longue liste d'éminents psychologues, dont Elizabeth Loftus, souvent appelée comme experte auprès des tribunaux – remet en cause l'acception sans réserve de tous les souvenirs, surtout lorsqu'ils ne sont pas corroborés par des faits (c'est bien là le problème : en l'absence de preuves objectives, il n'existe pas de critère fiable permettant de distinguer un souvenir réel d'une confabulation).

La bataille est loin d'être terminée, mais elle suggère de garder une prudente réserve quant aux découvertes de cas de vies antérieures. Un examen attentif de célèbres cas de réincarnation montre souvent que, contrairement à la légende, beaucoup de « détails remémorés » étaient totalement faux ou impossibles historiquement. Dans le cas de Bridey Murphy [9] comme dans celui, peut-être plus étonnant encore, de Jane Evans qui, sous hypnose, révéla de stupéfiants détails sur ses précédentes incarnations : notamment en Rebecca, une femme juive vivant à York au XIIe siècle, et en Livonia, une romaine. Cette Livonia donna mille précisions sur l'époque de l'empereur Constantin, précisions dont certaines étaient inconnues des historiens. Cette histoire fit grand bruit. Hélas, à cause de Melvin Harris, écrivain passionné d'histoire, la merveille s'effondra. Les détails stupéfiants avaient été inventés plus de vingt ans auparavant par Louis de Wohl et publié dans son roman historique *The Living Wood* [10].

[1] Son passionnant ouvrage : *Le Syndrome des faux souvenirs : ces psy qui manipulent la mémoire*, a été récemment traduit et publié aux éditions Exergue.
[2] En France aussi, c'est par salles entières que certains bateleurs font simultanément « régresser » leurs clients dans de pseudo-vies antérieures.
[3] On désigne sous le terme de « confabulation » cette activité de l'imagination qui, sollicitée soit par des questions inductrices soit par le désir même inconscient de faire plaisir à son interlocuteur, comme cela se passe souvent dans le cadre de l'hypnose, fait surgir des représentations fantasmatiques. Ces créations de l'inconscient investissent la mémoire et passent pour des souvenirs réels.
[4] Edith Fiore : *Nous avons tous déjà vécu*, éditions Robert Laffont.
[5] Edith Fiore : *Les Esprits possessifs*, éd. Pierre d'Angle.
[6] Edith Fiore : *Encounters : a Psychologist Reveals Case Studies of Abductions by Extraterrestrials*, Ballantine, 1989.
[7] Cf. Chet B. Snow et Helen Wambach : *Vision du futur de l'humanité*, éditions Saint-Michel. Et P. H. M Atwater : *Future Memory*, Birch Lane Press. (La plupart des ouvrages sur ce thème ne sont pas traduits de l'américain.)
[8] Adresse de la *False Memory Syndrom Foundation* :
3508 Market Street, suite 128
Philadelphia, PA 1919104 USA
[9] Cf. page 186.
[10] Le chercheur britannique Ian Wilson a repris une partie de ces contre-enquêtes dans : *Enquête aux frontières de la mort*, éditions Exergue.

Aventures karmiques à travers les siècles

PAR JEAN-PIERRE LENTIN

Et le nouveau né murmura « C'est moi. Ne le dis pas ! »
VICTOR HUGO

Nos âmes, passant et repassant d'un monde à l'autre, font comme l'homme qui se couche et se lève. CHARLES FOURIER

L'homme sage oublie délibérement beaucoup de choses. GANDHI

En réalité, le fin mot de toute cette histoire semble devoir échapper à jamais, sinon à nos sentiments profonds, du moins à nos concepts et à nos mots. Plusieurs vies ? Une seule vie ? Tout dépend sans doute d'où l'on regarde, selon que l'on se situe *dans* l'illusion du temps ou *hors* d'elle. Il se trouve que notre plus grande part se trouve emportée par l'irrésistible fleuve chronologique. La sagesse nous suggère de ne pas trop nous en émouvoir et de contempler le spectacle, non sans compassion... et avec humour. Petit répertoire des « visions du siècle ». Faut-il en rire ou en pleurer ?

Au début du Moyen Âge, au siècle de Charlemagne, dans l'actuel Nord-Est de la France, un seigneur à moitié brigand, personnalité énergique et bon administrateur de ses terres au demeurant, a coutume d'emmener une troupe de mercenaires pour des razzias. Lors d'une de ces campagnes, un autre seigneur, plus puissant, mieux armé, disposant de plus d'hommes, prend carrément possession de son domaine. À son retour, le dépossédé n'est pas de taille à se battre et doit même accepter, pour survivre, d'entrer en servage chez celui qui l'a délogé. Rongé par la rancune, il tentera pendant le reste de sa vie d'ameuter ses voisins et d'ourdir des complots contre son vainqueur – mais ce sera peine perdue. Ce seigneur dépossédé se réincarne, bien des siècles plus tard, sous la forme de Karl Marx. Et celui qui l'a humilié, c'est Friedrich Engels.

Les visions fantastiques de Rudolf Steiner

« Ce qu'ils avaient à régler entre eux se transforma, pendant le long chemin entre la mort et une nouvelle naissance, en désir de compenser le mal qu'ils s'étaient fait l'un à l'autre. » Ainsi parlait le philosophe, pédagogue, thérapeute visionnaire allemand Rudolf Steiner en 1924. Et il ajoutait : « Essayez de vous représenter la forêt du Nord-Est de la France au IXe siècle : les conjurés assis ensemble, jurant, maudissant et injuriant dans la langue de leur temps. Et puis, transposez cela dans le langage mathématique et dialectique du XIXe siècle, et vous aurez ce qu'on trouve chez Marx et Engels. »

Rudolf Steiner prend connaissance des vies antérieures, et de bien d'autres choses liées aux mondes de l'esprit, lorsqu'il est en méditation profonde, généralement la nuit, dans un état qu'il provoque à volonté, qu'on peut appeler transe, autohypnose, rêve éveillé ou voyage astral. Ces visions sont menées comme des investigations, sous le contrôle de la pensée consciente, puisqu'il est capable d'exposer ce qu'il a perçu en des termes précis. Il en nourrit ses conférences et ses écrits depuis vingt-cinq ans, en fait le fondement d'un mouvement spiritualiste, l'anthroposophie, et d'une communauté habitant sous d'étranges architectures bulbeuses en pleine campagne suisse. Jusqu'ici, il a souvent parlé de la réincarnation, mais en termes généraux. Il n'a encore jamais raconté publiquement des cas précis. Mais 1924 est une année particulière. Steiner y déploie une activité frénétique. Mois après mois, son emploi du temps est stupéfiant. Entre la communauté de Dornach et ses voyages dans toute l'Europe, il est comme en perpétuelle conférence. Il ne dort pratiquement plus. La plupart de ses grandes idées fondatrices – comme celles de l'agriculture biodynamique, de la médecine anthroposophique ou des écoles Steiner – jaillissent cette année-là, en quelques jours, à l'occasion d'un séminaire. Et puis, mois après mois, Steiner poursuit dans plusieurs capitales européennes un cycle de conférences intitulé « Considérations ésotériques sur le karma ». Ce seront ses dernières causeries. Une maladie d'estomac le cloue dans sa chambre tout l'hiver, il meurt en mars 1925, à l'âge de soixante-quatre ans.

Les transcriptions de ces conférences comptent parmi les plus étranges documents jamais écrits. Steiner crée un genre, littéraire, philosophique, mystique, fantastique : le récit de vie antérieure, ou feuilleton karmique, ou aventure akashique...

Victor Hugo, selon Steiner, fut dans une autre vie un initié des très anciens Mystères d'Hybernie, en Irlande, dans les premiers siècles de notre ère. Chez Hugo, « beaucoup de choses disparurent à l'arrière-plan, et se métamorphosèrent cependant en images pleine d'élan, mais de caractère fantastique. » Un autre de ces mystiques irlandais réapparaît en Garibaldi.

Cet initié-là était un grand maître, qui s'installa en Alsace au IXe siècle et instruisit trois disciples, qui tous naîtront à nouveau mille ans plus tard, tout près du lieu de naissance de Garibaldi – le politicien Cavour, le philosophe Mazzini et le futur roi d'Italie, Victor-Emmanuel. Aussi ne s'étonne-t-on plus que Garibaldi, fervent républicain, jette néanmoins toutes ses forces dans la bataille pour la royauté de son disciple d'une autre vie. Ailleurs, Steiner mentionne une autre aventure karmique du héros italien : il est sur un navire, il observe la rive à la longue-vue, voit une silhouette féminine et sait instantanément qu'il épousera cette femme. La suite le confirme et cet heureux mariage indique qu'ils se sont connus dans une ou plusieurs vies antérieures. Les détails frivoles sont rares chez Steiner. Souvent, l'histoire sert à illustrer les mécanismes à l'œuvre dans le karma, la loi de cause à effet selon laquelle tous nos actes ont des conséquences dans nos vies ultérieures.

Le mauvais karma de Néron, par exemple : il doit d'abord revivre deux existences complètement anonymes et banales, qui purifient quelque peu ses excès agressifs, avant de retrouver une incarnation royale, mais tragique, au XIXe siècle : le prince Rodolphe, héritier de la couronne d'Autriche, un homme à qui tout semble sourire, mais qui, pris d'un dégoût de la vie, se suicide en 1889, à l'âge de trente ans, avec sa compagne, dans le pavillon de chasse de Mayerling.

Ce qui intéresse avant tout Steiner, c'est le parcours des grands esprits et des courants de pensée. Et parmi eux, surtout, cette « impulsion michaëlique » qui fait revenir aujourd'hui, à l'âge moderne, une spiritualité plus qu'ancienne, par le détour de la science et de la philosophie rationnelle, ou bien de l'art – de sorte que les grands esprits de notre temps, généralement matérialistes, semblent tous être d'anciens mystiques.

Ainsi Ernst Haeckel, le naturaliste belliqueusement darwiniste, eut une vie comme moine et pape, Grégoire VII. Francis Bacon, un des fondateurs du rationalisme scientifique, avait été Harûn al-Rachid, le monarque éclairé de Bagdad au VIIIe siècle.

On notera que Voltaire, « ancien grand lettré musulman », avait en son temps apporté des arguments en faveur de la réincarnation, disant qu'il n'était pas plus surprenant que l'homme naisse deux fois qu'une, et que tout, dans la nature, était résurrection. Platon, une entité éminemment spirituelle, trouve de grandes difficultés à se réincarner à l'ère chrétienne ; son âme grecque, pleine de mystères et de poèsie, est aux antipodes de l'âme romaine, juridique et terre-à-terre.

Le voici enfin en Hroswitha, nonne du Xe siècle, « personnalité oubliée mais grandiose », qui écrivit des pièces de théâtre en latin. « Il fallait que cette incarnation fût féminine », précise Steiner.

Et revoici Platon aujourd'hui dans le corps d'un homme que Steiner a bien connu, Karl Julius Schröer, un écrivain passionné de Goethe et de poésie, « sensible aux idées sans intellectualisme », mal compris par son époque et même taxé de sottise. Il faut dire que son âme n'était pas tout à fait présente dans son corps, et le fut de moins en moins. « Ce furent tout d'abord les doigts qui enflèrent, puis l'âme se retira de plus en plus. Et Schröer termina sa vie dans la sénilité. »

Le but de l'âme est d'avancer vers le point où « l'esprit qui est dans l'homme s'unit à l'Esprit qui est dans l'Univers ». Mais, au contraire des conceptions orientales, il n'y a pas dissolution de toute individualité dans le grand tout (*nirvana*), et ceci grâce à l'intervention du

Une grande visionnaire

Mille ans pour digérer une vie ?

par Jean-Louis Siemons

« Héléna Blavatsky s'est emparée des traditions orientales et les a communiquées au grand public. » (C. -G.Jung) Pénétrée de sagesse indienne et tibétaine, cette aristocrate russe lance, à New York, en 1875, le Mouvement théosophique, dont la réincarnation est l'un des concepts phare. Jean-Louis Siemons nous le résume ici.

Même si l'homme était au programme initial de notre terre, il a fallu des millions d'années pour le construire aux dimensions imposées par cette planète. L'accession à la conscience réfléchie, à l'intelligence et au libre arbitre (qui n'est pas unique dans le grand univers) marque un tournant majeur dans l'évolution. Les hommes peuvent dès lors prendre en main leur destin. Mais le pouvoir magique, créateur, de la pensée impose des contraintes : tout, ou presque, devient possible, mais rien n'est gratuit dans ce monde d'interaction dominé par l'obligation de l'échange. La loi de causalité générale prend alors un tour éthique (sous le nom de karma, individuel ou collectif). Et pour l'homme, qui désormais prendra des corps charnels humains (jamais plus animaux), la transmigration devient réincarnation. Chacune de ses existences prolongera la précédente, semée d'obstacles, de douleurs, de joies ou d'éveils selon que, dans ses choix, il aura ignoré ou pas les injonctions de la transcendance – ouverture à la vérité, amour des autres. Autre point clé : se garder de prendre le masque d'acteur (*persona*) pour l'être réel, l'individualité indivise que nous sommes, en dernière analyse.

C. G. Jung a eu de cet alter ego supérieur une représentation onirique mettant en scène un yogi extratemporel qui « méditait le Dr Jung » pour la durée de son existence terrestre. Pour la théosophie, ce Soi-Ego transpersonnel – « ni homme ni femme, ni juif ni grec », pour paraphraser saint Paul – soutient de ses pouvoirs la personnalité éphémère et cherche à s'exprimer à travers elle. Cette âme

profonde est un foyer individualisé de la Conscience universelle ; semblable à toutes les autres monades, elle est enracinée à jamais dans le Divin, mais son évolution la porte maintenant à graviter vers une fusion consciente dans cette Source éternelle. Sous ce rapport, la personnalité, souvent décriée pour son égoïsme et son ignorance, est investie d'une mission unique, poste avancéde l'âme, l'aidant à réaliser les promesses de sa destinée divine.
Une existence ne peut suffire à cette métamorphose – la mort suspendra les efforts : les ajustements nécessaires attendront une prochaine vie. Pour l'heure, l'âme, libérée de son instrument physique, a tout le temps de se dépouiller de son « personnage », comme d'un « corps psychique » désormais inutile (la « seconde mort », évoquée par Plutarque). Mais avant cette séparation, l'âme triera et gardera tout ce qu'il y avait de positif et lumineux dans son butin terrestre. Dès lors, isolée du monde dans sa propre sphère, elle va longuement méditer, assimiler – intégrer à sa nature profonde – tout l'or de ces instants qu'ont pu lui inspirer l'amour et la sagesse du Soi-Ego. Selon la richesse de la moisson glanée, cette expérience de béatitude peut se prolonger sur des siècles, des millénaires. Ainsi la mort tant redoutée a cette vertu de sauvegarder dans l'âme l'essentiel des trésors d'une vie. L'ancienne personnalité tombera dans l'oubli, laissant l'âme libre de retourner au « devenir », mais régénérée et grandie par ce gain de pouvoir et de conscience. Inutile d'ajouter ici qu'elle ne « choisira » pas sa nouvelle incarnation selon ses « goûts » : la puissante loi de la vie va la ramener dans le contexte karmique nécessaire, où les contentieux passés seront réglés par la nouvelle personnalité, qui fera de nouveaux pas en avant. Jusqu'à quand ? Il existe sans doute toute une gamme de sages parfaits « libérés ». Pour la théosophie, les plus grands retardent leur réintégration dans la Source éternelle, pour rester dans l'ambiance de la Terre et veiller à la destinée spirituelle des hommes. On les appelle des « sauveurs ».

À lire :
Revivre nos vies antérieures, *Mourir pour renaître*,
J.-L. Siemons, éditions Albin Michel.

Christ, dont Steiner fait un pivot de toute l'évolution spirituelle. La grande sagesse consiste à perdre toutes les illusions du moi, tissées au cours des incarnations, pour retrouver un Moi spirituel, existant de tout temps, et naturellement uni à Dieu.

Comment Edgar Cayce dépassa sa timidité

Après Steiner, un autre raconteur de vies antérieures et chroniqueur akashique va reprendre le flambeau pendant un quart de siècle : Edgar Cayce.

La scène se passe le 10 août 1923 dans une chambre d'hôtel américaine, à Dayton, Ohio. Edgar Cayce, le médium américain le plus célèbre de son époque, a répondu à l'invitation d'Arthur Lammers, riche imprimeur et passionné de sciences occultes, pour des séances très spéciales. Cayce est un fils de fermiers du Kentucky, il a des visions depuis sa plus tendre enfance, et depuis 1910 il entre en transe hypnotique pour d'innombrables consultations de malades, notées par des sténographes – il ne se souvient de rien au réveil. Cayce prodigue des conseils de santé, parfois très précis – on parle de guérisons spectaculaires –, ainsi que de courtes homélies enjoignant d'aimer Dieu et son prochain. Cayce est un fervent chrétien et un lecteur enragé de la Bible – il s'astreint à la relire une fois par an...

La séance se déroule comme d'habitude. Cayce, un petit homme binoclard et timide, desserre sa cravate, enlève ses chaussures et s'allonge sur un divan. Il ferme les yeux, respire profondément, bientôt semble dormir. Au bout de quelques minutes on peut lui poser des questions.

Lammers veut connaître son horoscope. Mais le médium élude, à plusieurs reprises. Non, les tendances du questionneur ne sont pas sous l'influence de tel signe ou de telle planète, ni tel signe du zodiaque. En revanche, bien des choses s'expliquent par une de ses vies antérieures, « lorsqu'il a été moine ».

Réveillé, Edgar Cayce n'apprécie pas du tout. Il est même horrifié. Pour lui, la réincarnation n'est que païenne superstition où l'on voit les gens méchants se transformer en animaux.

Lammers ne l'entend pas de cette oreille. Il fait valoir que des passages du Livre peuvent s'interpréter différemment qu'il n'est coutume, que certains penseurs chrétiens ont cru en la réincarnation, ainsi que de grands esprits comme Pythagore, Goethe ou Benjamin Franklin. Il évoque aussi la profondeur des grandes religions orientales, hindouisme et bouddhisme. Cayce se calme et accepte de reprendre les séances.

Dans les vingt années qui suivent, jusqu'à sa mort en 1945, Edgar Cayce racontera des vies antérieures à plus de 2 500 personnes. Le tout est scrupuleusement archivé par la Fondation qui gère son héritage.

Les histoires de l'oncle Cayce sont assez précises. Les gens sont nommés – Neil, un couturier à la cour de Louis XIII, Solval, un marchand en Grèce ancienne, Abiel, un médecin à la cour persane, Elder Mosse, un agriculteur américain pendant la guerre d'indépendance. D'une existence à l'autre, les fils qui se tissent sont variés et parfois surprenants. L'origine des phobies se dévoile aisément – telle peur du feu s'hérite d'une sorcière qui fut brûlée vive. Des traits physiques, des fragilités d'organes ou des penchants moraux sont mis en relation avec les vies passées. Les informations sont fragmentaires, Cayce s'exprime difficilement, dans un style guindé, assorti de conseils vagues. « L'entité doit se méfier des excès et ne pas oublier la considération qu'elle doit à autrui. » Ou bien : « Si ces dispositions sont utilisées et mises au service d'un idéal, elles peuvent être bénéfiques. »

Edgar Cayce a raconté sa propre vie précédente : un nommé John Bainbridge, mercenaire de l'armée britannique pendant la guerre d'indépendance américaine, brutal et jovial, porté sur l'alcool, le jeu et les femmes, termine sa vie par un sauvetage héroïque. La femme qu'il a sauvée, Cayce la retrouve un jour en la personne d'une patiente venue le consulter.

Autre rencontre mémorable, en 1936 : Cayce reconnaît, dans un jeune Chinois qu'on lui amène en séance, la réincarnation de son propre fils, mort à l'âge de deux mois en 1910. Dans ces séances, Cayce décrit plusieurs autres existences pour cette même âme, qui fut secrétaire d'Adams et Hamilton, à Boston, enfant palestinien béni par Jésus, puis chrétien persécuté, et plus loin encore un rescapé de l'Atlantide réussissant à gagner l'Égypte.

L'Atlantide est une marotte tenace chez Cayce, et bon nombre des descriptions vulgarisées aujourd'hui dans la littérature *new age*, comme ces fameuses hautes technologies vibratoires basées sur le cristal, viennent directement de ses visions.

La grande illusion de Bridey Murphy

Après la mort d'Edgar Cayce, sa réputation persiste, Plusieurs livres lui sont consacrés. En 1952, ils enthousiasment un hypnotiseur amateur qui se pique de parapsychologie, Morey Bernstein, qui s'empresse de soumettre une de ses meilleures patientes, une femme de vingt-neuf ans extrêmement prompte à se mettre en transe, à des séances de réminiscence karmique. La jeune femme se voit en petite fille de quatre ans furieuse après avoir reçu une fessée. Elle s'appelle Bridey Murphy, elle habite le village de Cork, joue avec son frère, et décrit sa maison. Elle est en Irlande, au tout début du XIXe siècle... De nombreuses séances suivent. Harcelée de questions par l'hypnotiseur, « Bridey Murphy » raconte toute sa vie et celle de son village avec un épais accent campagnard irlandais. L'hypnotiseur en sort une série d'articles en 1954, puis un livre en 1956, *À la recherche de Bridey Murphy*, un succès colossal – des semaines en tête des ventes, des traductions dans le monde entier, un disque d'enregistrements des séances d'hypnose, un film, des chansons comme *Do you believe in reincarnation* ou *Bridey Murphy Rock and Roll...* Et bientôt une floraison d'hypnotiseurs réincarnologues et d'émules d'Edgar Cayce. La fièvre des vies antérieures, cette fois, et c'est une grande première en Occident, touche de plein fouet le public. Un an plus tard, tout se dégonfle quand des journalistes enquêtent sur l'enfance de l'hypnotisée, ce dont Bernstein ne s'était guère préoccupé, et découvrent le pot aux roses : pendant cinq ans, elle a habité en face d'une voisine irlandaise, Mrs Corkell, née Murphy, surnommée Bridie.

Elle l'adorait, lui rendait souvent visite et écoutait ses histoires. On découvre aussi qu'au lycée elle était championne en imitation d'accent irlandais. Quant aux épisodes les plus marquants arrivés à « Bridey Murphy » – une chute dans l'escalier, la perte d'un frère – l'hypnotisée moderne les a bel et bien vécus dans sa propre enfance. Bref, les souvenirs de vies antérieures étaient de simples réminiscences de ses premières années. Bidon, le best-seller n'en aura pas moins marqué une génération et propulsé la notion de réincarnation au rang de croyance familière en Occident.

Shirley MacLaine et Paco Rabanne

Chaque époque, dit-on, a les best-sellers qu'elle mérite. Aïe ! Ceux des années quatre-vingt sont d'abord dus à une star du cinéma et du music-hall, Shirley MacLaine. Elle raconte longuement ses expériences paranormales dans une série de livres autobiographiques, *L'amour foudre*, *Danser dans la lumière*, *Le Voyage intérieur*, *Le Miroir secret*. Des louches de *digest* sentencieux des idées caricaturalement *new age*, des nappes d'eau de rose. On est loin de la sobriété de Steiner ou Cayce. MacLaine, à l'en croire, a vécu une kyrielle d'existences, une inflation de réincarnations, une véritable boulimie karmique. Elle a été, entre autres, moine bouddhiste dans un monastère, soldat romain, enfant inca apprenant à se servir de son troisième œil, danseuse dans un harem, orpheline indienne élevée par un troupeau d'éléphants, nomade mongole kidnappée par un brigand, méchant sorcier vaudou au Brésil, pirate avec une jambe de bois, Africaine en pleine famine, athlète gréco-romain, gitan espagnol, enfant enlevé par un aigle, ballerine russe, caravanière arabe, Chinoise adepte du taï-chi, chanteuse japonaise aveugle, pionnière dans l'Ouest américain, père fondateur des États-Unis en 1776, ministre du tsar de Russie et bien sûr Atlante. Dans toutes ces histoires, Shirley retrouverait les mêmes âmes, qui sont, dans sa vie présente, son ex-mari, ses amants, sa fille, ses parents et ses médiums préférés.

En 1991, c'est au tour de Paco Rabanne de sortir avec un livre, *Trajectoires*. Il aurait connu sa première sortie de corps à l'âge de sept ans, exercé spontanément toutes sortes de dons paranormaux et perçu très vite des visions de ses vies antérieures. Reconnaissons à Paco le mérite de la brièveté. Il raconte peu de choses. Lui, a été inquisiteur à Tolède, assistant de Torquemada, envoyé de la planète Altaïr, Terrien à l'époque de l'Atlantide. Une seule fois il fut femme – une prostituée à la cour de Louis XV. Le clou, c'est son existence égyptienne : éducateur rebelle de jeunes pharaons !

Cloneries scientifiques

PAR ÉRIC BONY

J'ai été Homère ; bientôt je serai Personne, comme Ulyssse ;
bientôt, je serai tout le monde : je serai mort.
JORGE LUIS BORGES

La recherche sur le clonage participe à l'un des plus vieux mythe de l'humanité : l'immortalité. Peut-être est-ce symptomatique d'une société qui déifie sa technologie, où ce sont les scientifiques et non plus les religieux qui apportent une réponse concrète aux questions existentielles. Le clonage est la version matérialiste du désir de réincarnation.

Début 1997, une brebis est clonée à partir d'une cellule adulte. Dolly est génétiquement identique à une autre brebis de six ans son aînée. C'est une première. Depuis 1986, les scientifiques n'étaient capables de fournir un clone qu'à partir d'une cellule d'embryon. Répliquer un adulte constitue une avancée considérable. Tous les scientifiques commencent à spéculer sur les fabuleuses possibilités à venir. Les idées foisonnent : des scientifiques japonais veulent, par exemple, faire revivre un mammouth par clonage à partir d'une cellule d'animal congelé. Des chercheurs thaïlandais viennent, eux, de déclarer leur intention d'essayer de cloner un éléphant blanc, espèce disparue depuis un siècle – le dernier spécimen vivait sous Rama III (1824-1851) et on a conservé ses reliques dans de l'alcool. Pour le moment, personne n'a encore réussi à « ressusciter » de l'ADN préservé de cette manière.

Clones tristes...

Mais d'autres tentatives moins fantaisistes se succèdent. Par exemple, cloner deux veaux, George et Charly, à partir du même donneur. Ou bien des moutons, des singes... Pour quoi faire ? Les animaux « dupliqués » pourraient secréter des protéines utiles au traitement de certaines maladies. Ou répéter une forme idéale. On risque de ne bientôt trouver dans les campagnes que des milliers de répliques d'une seule vache : la plus productive ! Outre le réel et mortel danger d'appauvrissement de la biodiversité, n'oublions pas la sentence (adaptable pour l'occasion) : ne fait pas aux truies ce que tu ne veux pas qu'on te fasse. C'est pourtant ce qui risque d'arriver : le clonage humain.

Les clones hors la loi…

Après la naissance de Dolly, les scientifiques, quasi unanime, ont salué la prouesse technologique et disqualifié d'emblée les grincheux qui parlaient de clonage humain. « Cloner des hommes ? ont protesté les pros, nous n'y pensons pas une seconde ! » On peut être sûr que la majorité des scientifiques restera fidèle aux convictions éthiques de l'humanisme civilisé. Mais il est du devoir des politiques de prévoir les pires scénarios catastrophes, style « le meilleur des mondes ». Le Conseil de l'Europe a ainsi décidé d'interdire officiellement tout clonage humain – le texte est inclus dans la Convention des droits de l'homme et de la biomédecine.

Alibi thérapeutique

Mais des voix commencent à réclamer plus de liberté, outre-Atlantique notamment. Un certain Richard Seed envisage par exemple d'ouvrir une clinique rentable dans la région de Chicago et d'y développer le clonage humain. Même si les autorités américaines prônent officiellement un moratoire contre l'application de la technique du clonage à l'homme, il faut savoir que là-bas les instituts privés peuvent faire à peu près ce qu'ils veulent. Seule la Californie a voté une loi contre le clonage humain. D'autres scientifiques prétendent réfléchir à la question et se disent que, après tout, dans certains cas, à des fins thérapeutiques, l'utilisation du clonage ne serait peut-être pas si malvenu…

Et, bien sûr, l'argumentaire revêt aussitôt de grandes idées humanistes. Les plantes transgéniques ? « C'est pour éradiquer la faim dans le monde », prônent les laboratoires qui sont les premiers à refuser leurs technologies aux pays du tiers-monde – sous prétexte qu'ils ne sont pas solvables. Le clonage humain ? « Uniquement à des fins thérapeutiques ! » commence-t-on à entendre. Un médecin britannique a même déclaré que si un membre de sa famille avait un cancer, il n'hésiterait pas à le faire cloner et utiliserait le clone comme donneur de moelle osseuse... C'est humain, certes, mais terriblement dangereux et moralement douteux. Les hypothétiques clones seraient-ils des magasins de pièces de rechange que l'on prélèverait au gré de nos dysfonctionnements ? Évidemment, pas de problème de compatibilité, pas de rejets de greffes, etc.

Amusons-nous un peu

Dans la série des délires qui aujourd'hui font sourire – mais pour combien de temps ? –, la secte des raéliens s'est réjouie de cette avancée technologique qui, pour elle, procurerait l'immortalité. Mais l'eau de cette fontaine de jouvence est décidément bien boueuse. Les raéliens ont commencé à exploiter le filon monétaire dans une clinique, aux Bahamas, en proposant à des personnes aisées de conserver leurs tissus en attendant qu'un clonage soit possible et proposent, tant qu'à faire, d'aider à développer cette technique.

Mais revenons à Dolly. Ce qui a motivé sa création est l'amélioration de l'espèce. On ne peut s'empêcher d'imaginer que le génie génétique se mette en tête d'améliorer l'espèce humaine, en ajoutant ou en retirant des gènes. Et ce sont évidemment des fantômes de grands blonds aux yeux bleus qui resurgissent des poubelles du passé. Pour couronner le tout, ajoutez les propos du Dr Steel Willadsen, pionnier en matière de clonage, qui déclare sans sourciller : « Ce n'est pas à moi, en tant qu'inventeur de techniques, de dire comment elles doivent être utilisées. » Où l'on passe de la non-responsabilité à l'irresponsabilité scientifique !

Clonage de jouvence...

Arriverait-on réellement un jour à rendre une même souche d'ADN éternelle par clonage ? Telle est l'immense question de l'esprit que les plus allumés de ces irresponsables évacuent avec une incommensurable légèreté. On peut répliquer une souche génétique, mais son vécu, ses expériences, sa conscience le différencieront à jamais du modèle. Même si nous ne sommes que des robots pensants – ce qu'une pauvre dérive scientifique matérialiste aimerait éperdument prouver, cherchant sans cesse des gènes pour expliquer les comportements humains – de l'alcoolisme à l'homosexualité –, rien ne vient étayer l'idée d'une continuité entre le vécu d'un être et celui de son éventuel clone.

Pour que le clonage devienne véritablement une vie éternelle, il faudrait, comme dans le roman de science-fiction *Le Monde du fleuve*, de José Farmer, que ce qui compose l'esprit d'un homme, ses capacités spécifiques, sa mémoire – son âme ! – puissent être enregistrés et réintroduits dans une enveloppe charnelle vide. Aujourd'hui, quoi qu'il en soit, les techniques de clonage existent. Soyons persuadés qu'elles seront appliquées, même à l'homme. Peut-être que dans un avenir proche, comme le décrit Maurice G. Dantec dans son dernier roman, *Babylon Babies*, les nations, ayant pour des raisons éthiques interdit certains types de biotechnologies (animaux transgéniques, clonage), verront se développer une forme de contrebande. Les marché illégaux sont toujours juteux et la délinquance « high tech » suivra forcément les dérives scientifiques. Ainsi, dans *Babylon Babies*, une secte alliée à une bande de motards achète-t-elle des clones à un laboratoire clandestin financé par la mafia russe, qui les fait transiter au Canada par une jeune « mère porteuse » protégée par des mercenaires... À quand les premiers clones humains ? En réalité, la technique n'est pas encore au point. Surtout, selon une étude récente parue dans la revue médicale britannique *The Lancet* (1er mai 1999), il semble que les animaux clonés à partir de cellules d'adultes soient beaucoup plus fragiles que les autres. Pour le moment, près de 40 % des clones ne survivent pas.

Le patrimoine génétique d'une cellule « âgée » ne serait pas programmé pour engendrer une cellule « jeune ». À quoi bon imaginer cloner des enfants qui ne survivraient pas ? Éthiquement, ce serait évidemment inacceptable, mais il se pourrait que le principal gardien de ce seuil interdit soit finalement la nature elle-même.

À lire :
Ève ou la répétition **(roman), Jacques Testart, éd. Odile Jacob.**
Copies conformes**, Axel Kahn, éd. Nil.**
Pour une éthique planétaire**, Jens G. Reich et J. Testart, éd. Mille et une nuits, Arte Éditions.**

Dans quel état reviendrez-vous ?

Malgré le large tour d'horizon présenté dans ce dossier, nous laissons beaucoup de questions en suspens. À vrai dire, sur un terrain aussi insaisissable, le nombre et l'ampleur des interrogations tend vite vers l'infini, donnant aux plus prudents une immense envie de se taire, ou de rire et de répondre par une pirouette.
Huit auteurs et artistes ont pourtant accepté de jouer avec nous au jeu du questionnaire.

Arnaud Desjardins

Selon vous, que se passe-t-il après la mort ?

Il n'y a pas une réponse unique pour tous. Ce qui se passe après la mort est fonction de la manière dont l'existence a été vécue et de la manière dont s'est fait le passage. Le statut post-mortem d'un sage qui, de son vivant, a purifié son psychisme et découvert le fondement de son être n'est pas le même que le statut de celui qui s'est sans cesse identifié à ses émotions, à ses refus, à ses désirs changeants et dépendants. Ce n'est pas la mort et la vie que nous devons considérer comme réalités opposées, mais la mort et la naissance, la naissance et la mort, ce jeu incessant du changement et de l'impermamence. L'important est de découvrir, tant que nous sommes en vie, la source de notre conscience qui n'est pas insérée dans le changement.

La réincarnation vous semble-t-elle possible ? Quel sens a-t-elle pour vous ?

La série d'existences humaines et de retours sur cette terre est condamnée par l'Église catholique et a toujours été admise par les doctrines hindoues et bouddhistes, bien que la manière de présenter ce thème varie suivant le niveau de profondeur auquel on se situe et la conception que l'on se fait de ce qui transmigre. L'important n'est pas de savoir que l'on a été dans une vie précédente jardinier à Versailles sous Louis XIV ou officier à Verdun, c'est, dans cette vie-ci, ne plus se prendre pour l'individualité désignée par notre « carte d'identité », laquelle n'est en vérité que la carte des identifications majeures de la conscience : corps physique et âge, sexe, statut social, etc.

Les études de chercheurs et d'universitaires sérieux (le plus connu mais non le seul étant Ian Stevenson) ont permis de confirmer que, chez des enfants, des souvenirs de vies antérieures correspondaient à des réalités parfaitement vérifiables. D'autre part, beaucoup de psychothérapeutes et de psychiatres, même de mentalité classique, ont dû constater, en thérapie, des revécus intenses, cohérents et reproductibles de séance en séance que rien, dans l'existence actuelle, ne permet d'expliquer. Peut-on les considérer comme souvenirs de vies antérieures ou uniquement comme fantasmes très élaborés ? En ce qui me concerne personnellement, la préoccupation concernant une prochaine existence m'est à peu près étrangère. Quoi qu'il puisse se produire, je l'accepte à l'avance. Ce qui importe, c'est tout simplement le bien, connu ici et maintenant.

Si vous vous réincarnez, quelle forme aimeriez-vous prendre la prochaine fois ?

Je vois mal comment il pourrait y avoir, en ce qui me concerne, une continuité, quelle qu'elle soit, entre cette existence-ci et une autre existence suivante dans laquelle les convictions spirituelles – indépendantes du lieu, du temps, des circonstances – ne demeureraient pas l'essentiel. Être pauvre, obscur ou célèbre et, pour commencer, homme ou femme, est bien moins important que de se sentir en communion permanente avec la Réalité ultime dans laquelle nous avons l'être, le mouvement et la vie. Dans ce cas je vous dirai : mon vœu serait de pouvoir me consacrer plus que je ne l'ai fait cette fois-ci à l'étude de la théologie, de l'araméen et du grec des Évangiles. Le reste est joyeusement abandonné à la volonté de Dieu.

Henri Gougaud

Selon vous, que se passe-t-il après la mort ?

Ce qui se passe après la mort, je n'en sais rien et, au fond, je n'en veux rien savoir. L'au-delà de mon actuelle existence est pour moi le domaine de l'Inconnu majuscule. On peut redouter l'inconnu, ou l'aimer, le désirer comme le lieu de tous les possibles, de toutes les découvertes. J'ai plutôt tendance à m'exalter par avance de ce que je découvrirai quand je ne serai plus dans ce corps. Et s'il n'y a rien à découvrir, si la mort n'est que néant, eh bien, je dormirai, je me reposerai, et ça ne sera pas plus mal.

Je me permets cependant de vous offrir ce texte de Rûmi qui me sert, en la matière, de viatique : « À une goutte de sperme qui ne possédait ni ouïe, ni intelligence, ni esprit, ni vue, ni attribut royal, ni attribut d'esclave, Dieu a donné un abri dans la matrice. Puis Il a transformé cette eau en sang et ce sang en chair, et dans le sein maternel il a créé les fenêtres de la bouche, des yeux et des oreilles, il a façonné la langue et le gosier, et le trésor de la poitrine où il a mis un cœur qui est à la fois une goutte, un monde, une perle, un esclave et un roi. Quelle intelligence peut comprendre qu'Il nous ait amenés de cet état ténébreux et ignorant jusqu'à la lumière du jour où nous vivons ? Et Dieu a dit : “As-tu vu, as-tu entendu d'où je vous ai amenés, et jusqu'où ? Maintenant encore je te dis que je ne te laisserai pas ici non plus. Je t'emmènerai au-delà de ces jours et de ces nuits où tu vis en un lieu que tu ne peux imaginer ni te représenter. Et si tu ne le crois pas, réfléchis un instant : comment cette goutte de sperme aurait-elle pu te croire si tu lui avais dit : Dieu a créé un monde au-delà de ton univers de ténèbres, un monde où il y a un ciel, un soleil, un clair de lune, des provinces, des villes, des villages, des jardins, où il existe des créatures parmi lesquelles sont des rois, des riches, des gens en bonne santé, des malades, des aveugles ?” »

La réincarnation vous semble-t-elle possible ? Quel sens a-t-elle pour vous ?

La réincarnation, possible ? Pourquoi pas, puisque tout l'est. Une question se pose cependant : quel est ce « je » qui se réincarne ? Notre corps a des contours précis. Notre part invisible (pensée, âme, psychisme, etc.) n'en a pas. C'est pourtant là que niche ce « je ». Alors, qui est-il ? Dans l'affirmation : « Je suis un clochard réincarné », qui parle ? À plonger dans ces sortes de questions, je crains d'en oublier de vivre. Alors j'évite. Tout ce que je peux dire, en conscience, c'est que ma vie et ma mémoire sont infiniment plus vastes que cette brève séquence temporelle comprise entre ma date de naissance et celle de ma mort. Je ressens cela comme une évidence (irrationnelle, bien sûr). Je suis autre chose qu'une carte d'identité, qu'une biographie, qu'une histoire. Je suis un être de mémoire, et cet être en sait beaucoup plus que ce « moi » conscient qui essaie de rationaliser toute chose.

Si vous vous réincarnez, quelle forme aimeriez-vous prendre la prochaine fois ?

Celle de l'Autre, évidemment : une femme.

Annick de Souzenelle

Selon vous, que se passe-t-il après la mort ?

La mort dont il est question ici n'est que celle du corps physique. L'homme ne peut être réduit à ce corps physique. La vie en tant qu'intégration d'énergies potentielles se poursuit dans un corps plus subtil, au milieu d'un autre espace-temps, sous la poussée du principe divin qui fonde tout être et lui donne vocation de « ressemblance divine », dit notre tradition.

Cette dynamique de vie faite de mutations successives, amorcée pendant notre vie sur terre, dans le meilleur des cas, se continue donc après la mort physique. Cette dernière est mutation parmi les autres et fait partie de la vie. Il est interessant d'entendre à ce sujet ce que dit le mythe de Noé en Genèse VII, 21-23.

Selon ce récit, quel que soit notre état d'accomplissement (ou de stérilité spirituelle) au moment de la mort, nous devons à cette étape « rendre du souffle », c'est-à-dire rendre compte de la somme d'énergies qui nous a été confiée pour nous accomplir. Ces énergies sont symbolisées par le monde animal intérieur à l'homme. La parabole des Talents exprime cette même réalité dans les Évangiles. Chez les Sumériens, si proches des Hébreux : « Qu'as-tu fais de ma Gloire ? » entend le trépassé ; il doit répondre des énergies qui lui ont été confiées pour construire en lui la Gloire divine.

Dans le livre de Noé, le texte se poursuit en distinguant bien ceux qui rendent le souffle, mais sans muter, de ceux qui « ont le souffle de vie, dans l'Epée », c'est-à-dire engagés dans la construction du Saint-Nom et qui, ceux-là, mutent. D'autres encore, « qui se sont dressés » dans l'accomplissement de leur monde animal intérieur, sont « subtilisés » dans une sorte d'assomption telle que l'ont vécue le patriarche Hanak (d'ordre mythique) et le prophète Élie (d'ordre historique).

Enfin, dernière distinction : ceux qui, comme Noé et sa famille présente avec lui dans l'arche, c'est-à-dire dans la matrice de leur être intérieur où ils se sont accomplis, ceux-là « restent ». Il faut alors remarquer que la racine du verbe hébreu « rester » signifie aussi le « levain ». Noé, avec les siens, se fait levain d'une nouvelle humanité. Étrange information qui nous donne à méditer. Mais nous pouvons en conclure qu'après la mort physique, le « rien » n'existe pas. De *res*, la « chose », ce rien est encore quelque chose, nouvelle naissance...

La réincarnation vous semble-t-elle possible ? Quel sens a-t-elle pour vous ?

Avant de parler de « réincarnation », il faudrait se demander ce qu'est l'« incarnation ». Venir au monde dans un corps physique n'est pas être incarné. Le corps n'est pas la chair. La chair, *bazar* en hébreu, est le principe divin, l'image divine scellée au cœur de « l'autre côté » de tout être humain. Elle est l'identité fondamentale de cet être, son « Je suis en devenir », sa « personne » unique.

N'est incarné que celui (celle) qui, entré en résonance avec sa Personne, chair des profondeurs et noyau fondateur de son être et qui commence de prendre le chemin de sa réalisation dans le « souffle de vie », celui du Saint-Nom yawh, Je Suis. Ce chemin est irréversible, et infini !

Jean-Marie Pelt

Selon vous que se passe-t-il après la mort ?

Après la mort la vie continue, mais elle est transformée. Il est difficile d'imaginer cette vie éternelle qui est au cœur du message chrétien, mais aussi juif et musulman. Le ciel a traditionnellement été considéré comme un lieu ; il importe aussi de le considérer comme un état. Un état d'immersion dans le divin, donc de joie et d'amour d'une intensité telle qu'il nous est difficile de l'imaginer. Encore que certaines expériences courtes et momentanées en ce monde peuvent nous en donner une idée. Cet état ne me semble pas être directement atteint après la mort. Des situations intermédiaires sont probables. On peut imaginer « un cheminement de l'âme », plus ou moins long et douloureux, vers sa destinée éternelle. Ce processus de purification est évidemment en rapport avec ce que fut la vie terrestre et, là encore, il nous est difficile de l'imaginer avec nos seuls moyens d'« en-bas », alors même que nous sommes dès à présent et jusqu'au terme de notre cheminement dans les mains du « Très-Haut » : le divin, que j'imagine davantage en terme d'amour que de puissance, de miséricorde que de justice. La justice des hommes ne nous offre pas la moindre idée de ce que j'imagine être la justice divine, que je perçois d'une autre essence et d'une autre nature. Car la justice de Dieu s'apparente moins, à mes yeux, à la justice des hommes qu'à la justice des actes.

La réincarnation vous semble-t-elle possible ?
Quel sens a-t-elle pour vous ?

Je reste sans avis sur la question de la réincarnation. On pourrait certes imaginer qu'elle soit une des formes de ce cheminement intermédiaire ; une croyance présente au cœur de toutes les religions, avec certes des modalités particulières à chacune. En vérité, le cheminement de l'âme après la mort reste un mystère, dont la clef appartient entièrement au divin.

Si vous vous réincarnez, quelle forme aimeriez-vous prendre la prochaine fois ?
Celle d'un grand chêne roboratif (du nom latin du chêne : *robur*, fort), respirant la force et le calme.

Jacques Lacarrière

Selon vous, que se passe-t-il après la mort ?
Rien. Sauf exception.

La réincarnation vous semble-t-elle possible ? Quel sens a-t-elle pour vous ?
Quand Bouddha connut l'Illumination sous l'arbre de Bodhgaya, il vit défiler sous ses yeux tous les mondes passés, présents et à venir. Il ne put donc manquer de prendre connaissance de *L'Origine des espèces* de Darwin et d'être impressionné par sa teneur. La réincarnation est à mes yeux la forme asiatique et précoce de la théorie de l'évolution.

Si vous vous réincarnez, quelle forme aimeriez-vous prendre la prochaine fois ?
Mâle de bonellie. Fonction principale : parasite sexuel. Les bonellies sont de beaux vers marins appartenant (comme chacun sait) au groupe des vers cœlomates métamérisés, sous-groupe des échiuriens. Le mâle (qui mesure 1 à 3 millimètres) vit entièrement dans l'utérus de la femelle (qui, elle, mesure près d'un mètre) et a pour unique fonction de la féconder. Il s'acquitte à

merveille de sa tâche, si l'on en juge par les millions de bonellies femelles qui brillent près des rivages par les nuits sans lune, comme les noctiluques. (Les noctiluques, elles, sont des réincarnations probables de gardiens de phare négligents).

DIDIER VAN CAUWELAERT

Selon vous que se passe-t-il après la mort ?

Je pense que la mort est un programme à la carte : il s'y passe ce dont nous avons besoin (ou envie) pour continuer notre évolution ou revenir sur l'étape passée.

La réincarnation vous semble-t-elle possible ? Quel sens a-t-elle pour vous ?

La réincarnation s'inscrit éventuellement dans le cadre de ce programme. Je ne crois pas beaucoup à la réincarnation « en bloc », style : « J'ai été Jules César, puis Marie Curie et maintenant moi-même ».

Je pense qu'on se désagrège pour aller rejoindre d'autres aventures humaines (ou non), participer à d'autres destins où « nous » serons complémentaires. J'adhère assez aux théories de Jean Charon sur les « éons ». Pour avoir été mort par écrit au temps où j'explorais le sujet dans *La Vie interdite* et en avoir gardé un certain sentiment d'autobiographie, je pense que la réincarnation s'impose dès lors qu'on ne se suffit pas à soi-même dans l'au-delà.

Si vous vous réincarnez, quelle forme aimeriez-vous prendre la prochaine fois ?

La prochaine fois, je choisirai un compositeur de musique.

JACQUES VIGNE

Selon vous, que se passe-t-il après la mort ?

À cette question, le Bouddha répondait par un noble silence. Ceci dit, dans le contexte où il vivait, la grande majorité des gens croyaient en la réincarnation comme à une évidence ; le Bouddha lui-même faisait souvent référence aux incarnations précédentes de ses disciples, et parfois aux siennes propres ; il est par ailleurs naturel d'avoir un questionnement sur ce qui survient après la mort. Ce que j'aurai le plus tendance à croire est que le mourant est projeté par la force de son dernier désir dans une direction donnée qui le mènera à travers les mondes subtils jusqu'à une prochaine renaissance. La direction du dernier désir est elle-même conditionnée par les désirs les plus fréquents qui ont occupé son mental durant sa vie. Le sage, quant à lui, est déjà identifié à la Conscience universelle, son corps ne fait que partir comme la feuille morte se détache de l'arbre, mais l'arbre reste le même.

La réincarnation vous semble-t-elle possible ?
Quel sens a-t-elle pour vous ?

J'avoue que j'ai été impressionné par le faisceau d'arguments que donne le Dr Jean-Pierre Schneltzer sur la transmigration dans son livre, chez Dervy, *De la mort à la vie*. Je souhaite seulement rappeler l'évidence qu'une croyance en l'après-vie est une grande aide pour développer un sens de responsabilité complète vis-à-vis de ses actes. Pourquoi est-ce que je penche plus du côté de la réincarnation que de celui de la résurrection de la mort et du jugement dernier ? Pour moi, c'est une question de bon sens ; une vie est bien courte pour arriver à la perfection. C'est d'ailleurs ce que reconnaissait honnêtement le vieil oncle d'une amie qui se trouvait être évêque. Il me semble réaliste de prévoir d'autres vies pour parvenir à cette perfection qui échappe à la plupart dans le courant de leur vie présente, même si j'admets qu'il s'agit d'une croyance. Dans la notion de pari chrétien sur l'au-delà, de quitte ou double en quelque sorte, je vois une racine de l'angoisse mystique si fréquente chez les individus qui suivent cette tradition. Si tout se joue avant cette mort qui approche dangereusement, comment pouvoir être en paix ? La plupart des écoles spirituelles de l'Inde reconnaissent un enfer, mais il n'est jamais éternel ; rien que pour cela, la croyance en la réincarnation me paraît plus équilibrée que la croyance biblique en un enfer définitif.

Si vous vous réincarnez, quelle forme aimeriez-vous prendre la prochaine fois ?

Les sages nous conseillent de rechercher la libération dès cette vie (*jivan mukti*), ou au moins au moment de la mort (*videha-mukti*). Si je dois me réincarner, j'aimerais me retrouver dans une famille spirituelle. La plupart du temps, ceux qui sont parvenus à un haut niveau spirituel y ont été aidés par la famille au départ.

ALBERT PALMA

Selon vous, que se passe-t-il après la mort ?

La vie m'occupe au point de gommer la moindre certitude de ce qui se passe après. Peut-être est-ce dû à un syndrome du souffle qui vous plaque à l'« ici et maintenant ». Bref, la vie est cet obstacle infranchissable qui m'interdit de spéculer sur la mort. C'est navrant de simplicité.

La réincarnation vous semble-t-elle possible ? Quel sens a-t-elle pour vous ?

Je suis de l'avis de Teilhard de Chardin, qui y voyait une absurdité. Il ne me semble pas qu'un incarné vivant, un libéré vivant, un *jivan mukta*, un *divan verbaba*, un poète-prophète au verbe serti de chair et de mille et une nuits, un Jap' affranchi des degrés de la très haute tour du *shingin-ichi-nyo* (unité du corps-esprit), ou enfin un yogin désépinglé et regorgeant de *kundalini*, vous répondraient positivement. Depuis que Dieu a perdu la mémoire et nous laisse nous « débrouiller » avec le Verbe, parcelles nominatives et imparfaites (incomplètes) détachées de son Être, comme le tain détaché du miroir, nos constructions n'obéissent plus au temps, le seul Architecte, tout en y étant soumises. D'où son ironie, sa revanche, la poignée de cinglants boomerangs et d'objets infra-karmiques dont il cogne nos vies.

En guise de conclusion

PAR MARC DE SMEDT

Si l'on ouvrait un grain de poussière, on y trouverait un soleil et des planètes tournant autour.
RÛMI

En vérité tu ne dois rien à personne. Tu dois tout à tout le monde.
KHALIL GIBRAN

Si la tranquillité de l'eau permet de refléter les choses, que ne peut la tranquillité de l'esprit ?
TCHOUANG-TSEU

Nous avons essayé dans ce dossier de faire l'enquête la plus sérieuse qui soit sur la réincarnation, et nous espérons que vous en avez fait votre miel.

Une anecdote personnelle : il y a une quinzaine d'années, je rencontrai à la Fondation Alexandra David-Neel de Digne un lama tibétain qui accompagnait le Dalaï-Lama en visite. Je ne me souviens que de son sourire et de ce qu'il me répondit lorsque, au cours de notre conversation, je l'interrogeai au sujet de la réincarnation. Ce fut bref et éclairant :

– Vous arrive-t-il de penser à ce que vous avez fait hier ou ce matin ? me dit-il.

– Oui, évidemment.

– Vous pensez alors à vos vies passées !

Grand rire malicieux et fin de l'entretien. Cet échange me fit abandonner toute spéculation sur des existences antérieures lointaines ou futures. Je n'eus plus besoin de me demander si j'avais été un pharaon, Mme de Pompadour, un soldat gaulois ou un Atlante. Être moi suffisait. Le lama avait raison : tout se passe en cette vie. Il m'avait fait comprendre le sens du fameux adage zen : « Une journée, une vie. » Et c'est l'un des grands bienfaits d'une méditation quotidienne que de nous faire réaliser que nous pouvons vivre nouveau chaque jour, chaque instant, si nous ne nous laissons pas engluer par le poids (positif ou négatif) des émotions et des expériences passées, ou la charge de nos projections vers l'avenir.

La lutte entre le chaos originel et la Création se déroule en nous dans l'espace du fameux « ici et maintenant » qu'il vaudrait mieux comprendre si nous désirons profiter de son fabuleux potentiel énergétique. Incarnons-nous donc.

Sommaire

Le flashage de cet ouvrage
*a été réalisé par l'***Imprimerie Bussière**
l'impression et le brochage ont été effectués
sur presse Cameron dans les ateliers
de ***Bussière Camedan Imprimeries***
à Saint-Amand-Montrond (Cher),
pour le compte des Éditions Albin Michel.

Achevé d'imprimer en septembre 2001.
N° d'édition : 19987. N° d'impression : 014153/4.
Dépôt légal : octobre 2001.